KB202055

산티아고 순례길, 말씀과 함께 걷다

산티아고
순례 길,
말씀과
함   께
걷   다

유진소 지음

아가페

차례

2장 바라봄, 하나님과 사귀다

5장   지혜, 여호와를 경외하다

들어가며

산티아고 순례길은 유네스코 세계문화유산으로 1985년에 등재된 세계적인 문화 명소입니다. 참 많은 사람이 버킷 리스트에 올려놓을 만큼 유명한 곳입니다. 그러나 제게는 그 이상입니다. 제 인생에서 순례자로서 삶의 아주 중요한 역사를 이룬 곳입니다.

2012년 5월, 저는 아들과 둘이 그곳을 걸었습니다. 좋은 시간을 보내려고 걸은 것이 아니라, 목회하면서 바쁘고 분주한 삶을 산 결과 제게 일어난 외면할 수 없는 아픈 문제를 풀고자 걸었습니다. 아들과 잘 소통하지 못한 안타깝고 불쌍한 아버지로서, 그야말로 간절히 간구하는 마음으로 걸었습니다. 그래서 그때의 산티아고 순례길은 기도였습니다. 걸으면서 기도한 기도의 순례였습니다.

11년 만에 다시 찾은 이번 산티아고 순례길은 그때와 많이 다릅니다. 함께 걷는 사람이 아들에서 아내로 바뀌었기 때문이 아니라, 그 길을 걷는 이유가 다르기 때문입니다. 그때가 걸으며 기도한 길이었다면, 이번은 하나님의 은혜를 새롭게 깨닫고 누린 길이었습니다. 우리 하나님이 어떤 분인지, 얼마나 나를 사랑하시는지를 깨달으면서, 하나님의 사랑을 받은 자로서 내게 주어진 삶을 어떻게 걸어가야 할지를 생각하는 순례의 길이었습니다.

그래서 이번 순례길의 주제를 "말씀과 함께 걷다"로 잡았고, 우리 교회의 큐티 책인 『말함(말씀과 함께)』의 본문 말씀을 매일 묵상하며 그 말씀을 적용하면서 걸었습니다. 그러면서 정말 인생은 말씀과 함께 걸어야 함을 깨달았습니다. 그것이 인생이라는 순례길을 걷는 유일한 방법이고, 가장 잘 걸을 수 있는 비법이었습니다. "말씀과 함께 걷다"는 내 삶의 축소판이었습니다. 이것이 산티아고 순례길 이야기를 사랑하는 성도들과 함께 나누는 이유입니다.

Buen Camino!

1장

광야, 인생의 고단함

Day-3
하나님이 주신 자리, 견디고 지키고 이어가다

 사무엘상 20장 24-34절

  다윗이 들에 숨으니라 초하루가 되매 왕이 앉아 음식을 먹을 때에 왕은 평시와 같이 벽 곁 자기 자리에 앉아 있고 요나단은 서 있고 아브넬은 사울 곁에 앉아 있고 다윗의 자리는 비었더라 그러나 그 날에는 사울이 아무 말도 하지 아니하였으니 이는 생각하기를 그에게 무슨 사고가 있어서 부정한가보다 정녕히 부정한가보다 하였음이더니 이튿날 곧 그 달의 둘째 날에도 다윗의 자리가 여전히 비었으므로 사울이 그의 아들 요나단에게 묻되 이새의 아들이 어찌하여 어제와 오늘 식사에 나오지 아니하느냐 하니 요나단이 사울에게 대답하되 다윗이 내게 베들레헴으로 가기를 간청하여 이르되 원하건대 나에게 가게 하라 우리 가족이 그 성읍에서 제사할 일이 있으므로 나의 형이 내게 오기를 명령하였으니 내가 네게 사랑을 받거든 내가 가서 내 형들을 보게 하라 하였으므로 그가 왕의 식사 자리에 오지 아니하였나이다 하니 사울이 요나단에게 화를 내며 그에게 이르되 패역무도한 계집의 소생아 네가 이새의 아들을 택한 것이 네 수치와 네 어미의 벌거벗은 수치 됨을 내가 어찌 알지 못하랴 이새의 아들이 땅에 사는 동안은 너와 네 나라가 든든히 서지 못하리라 그런즉 이제 사람을 보내어 그를 내게로 끌어 오라 그는 죽어야 할 자이니라 한지라 요나단이 그의 아버지 사울에게 대답하여 이르되 그가 죽을 일이 무엇이니이까 무엇을 행하였나이까 사울이 요나단에게 단창을 던져 죽이려 한지라 요나단이 그의 아버지가 다윗을 죽이기로 결심한 줄 알고 심히 노하여 식탁에서 떠나고 그 달의 둘째 날에는 먹지 아니하였으니 이는 그의 아버지가 다윗을 욕되게 하였으므로 다윗을 위하여 슬퍼함이었더라

요나단의 마음이 얼마나 힘들었을까요? 그것을 묵상합니다. 그래도 혹시나 하는 마음이었을 텐데, 결국 아버지 사울의 다윗을 죽이고 싶어하는 상하고 악한 마음을 확인하고 맙니다. 그런 아버지에게 폭언과 폭행까지 당하면서 얼마나 힘들고 마음이 아팠을까요?

그런데 오늘 말씀을 보면, 요나단이 가장 힘들어한 것은 '아버지가 다윗을 욕되게 한 것'이라고 합니다. 처음에는 이 말이 의외였습니다. 그런데 생각해 보니 그만큼 다윗을 사랑했다는 의미도 되지만, 이것은 아버지 사울의 무례하고 저속한 태도에

대한 아픔이었습니다. 다윗을 저주하고 욕하는 아버지의 모습이 정말로 실망스럽고 비참했던 것이지요.

그런데 여기서 결론처럼 깨닫게 되는 것은, 그럼에도 요나단이 아버지와의 관계를 끊어버리지 않았다는 것입니다. 비록 식사 자리를 박차고 나와 잠시 떠나 있긴 했지만, 요나단은 죽을 때까지 아버지와 함께 있었습니다. 이것이 제 마음을 아프게 하면서, 동시에 저를 감동시킵니다. 신앙은 이렇게 힘들고 어렵고 다 포기해 버리고 싶어도, 하나님이 주신 그 자리와 관계를 견디고 지키고 이어가는 것임을 새삼 깨닫습니다.

산티아고 순례길을 걸으려고 출발했는데, 역시 순례는 순례입니다. 비행기가 4시간 20분 지연되어, 지금 인천공항에서 파리바게트 샌드위치로 아침을 먹고 있습니다. 항공사에서 미안하다며 준 밀 쿠폰을 사용할 수 있어 감사를 선포하면서도, 분한 마음과 함께 열심히 먹고 있습니다. 이렇게 출발부터 꼬이고 힘들지만, 그래도 포기하지 않고 주어진 상황에서 계속 목표를 향해 기도하며 나아가는 것이 순례이기에, 지금 저는 어떤 면에서 진짜 순례를 하고 있습니다. 요나단의 그 마음과 비교되지는 않겠지만, 거의 그런 마음으로 말입니다. 아무리 힘들어도 계속 걸어가는 것이 순례자니까요.

Day-2
절망 중 위로

사무엘상 20장 35-42절

아침에 요나단이 작은 아이를 데리고 다윗과 정한 시간에
들로 나가서 아이에게 이르되 달려가서 내가 쏘는 화살을 찾으
라 하고 아이가 달려갈 때에 요나단이 화살을 그의 위로 지나치
게 쏘니라 아이가 요나단이 쏜 화살 있는 곳에 이를 즈음에 요
나단이 아이 뒤에서 외쳐 이르되 화살이 네 앞쪽에 있지 아니하
냐 하고 요나단이 아이 뒤에서 또 외치되 지체 말고 빨리 달음
질하라 하매 요나단의 아이가 화살을 주워 가지고 주인에게로
돌아왔으나 그 아이는 아무것도 알지 못하고 요나단과 다윗만
그 일을 알았더라 요나단이 그의 무기를 아이에게 주며 이르되
이것을 가지고 성읍으로 가라 하니 아이가 가매 다윗이 곧 바
위 남쪽에서 일어나서 땅에 엎드려 세 번 절한 후에 서로 입 맞
추고 같이 울되 다윗이 더욱 심하더니 요나단이 다윗에게 이르
되 평안히 가라 우리 두 사람이 여호와의 이름으로 맹세하여 이
르기를 여호와께서 영원히 나와 너 사이에 계시고 내 자손과 네
자손 사이에 계시리라 하였느니라 하니 다윗은 일어나 떠나고

요나단은 성읍으로 들어가니라

〝〝

지난 밤 빈 들에서 다윗은 얼마나 힘든 시간을 보냈을까요? 하나님의 기름 부으심과 감동에 순종해 여기까지 왔는데, 다른 사람도 아니고 당대의 왕인 사울에게 생명의 위협을 당하니 분노와 억울함으로도 힘들었겠지만, 당혹스러움과 불안, 두려움은 정말 그를 힘들게 했을 것입니다. 제가 약간 다윗 같은 스타일이어서 잘 아는데, 이런 사람에게는 분위기가 그 어떤 것보다 마음을 힘들게 합니다. 마음에서 끝없이 올라오는 뭔가 잘못되었다는 절망의 메시지가 그를 정말 힘들게 했을 것입니다.

그런데 이런 다윗을 위해 하나님이 준비하신 처방이 있습니다. 다음 날 아침 정한 시간에 정확히 약속한 대로 행한 요나단, 그리고 하나님이 여전히 그들과 함께하신다는 소중한 메시지로 하나님은 다윗을 축복하셨습니다.

더구나 오늘 말씀은 다윗이 그의 삶을 무너뜨리는 마귀의 음성을 듣고 절망하는 것이 아니라, 울며 떠나지만 그래도 하나님이 요나단을 통해 주시는 위로와 축복의 메시지를 붙들고 다음 길로 떠나는 것으로 끝맺음 되고 있습니다. 이것이 바로 오늘 제게 주신 말씀입니다.

우리의 순례길도 비슷합니다. 어제 인천공항에서 출발이 4시간 반이나 지연될 때는 뭔가 불안한 느낌이 무척이나 강했습니다. 그 불안감은 파리에 도착해 버스를 타고 몽파르나제 역 근처의 예약한 호텔로 이동하는 데서 더 심화되었습니다. 사전에 유투브를 보고 르버스라는 직행버스가 있는 것을 알고 준비했는데, 막상 와보니 없는 것이었습니다. 밤은 깊어가고, 예상했던 버스는 없고(버스가 없어졌는지 우리가 못 찾은 건지는 여전히 모릅니다), 그래서 다른 버스를 타고 일단 오페라 광장이라는 곳으로 갔습니다. 밤 10시가 훨씬 넘은 시간에 교통체증이 뭐가 그리도 심한지…. 정말 오늘 안에 호텔에 도착할 수 있을지 불안감이 극에 달했습니다. 거기에 늦은 시간에 오페라 광장에서 택시를 잡아타야 하는 불안감도 한몫했구요.

그렇게 끝없이 올라오는 부정적인 생각 가운데, 우리 계획대로는 아니었지만 하나님이 신실하게 인도해 주셔서, 11시 55분에 호텔에 도착해 그날 안에 체크인을 할 수 있었습니다. 할렐루야! 그런데 이렇게 힘든 부정적인 상황 가운데도 하나님은 수시로 이 순례를 축복하신다는 메시지로 저희를 위로하고 격려하셨습니다.

그중 하나가 입국심사를 받느라 줄을 섰을 때입니다. 사람들이 몰려서 그랬는지 줄이 너무 길어 무한 스트레스를 받고 있었는데, 갑자기 흑인 여자직원이 저를 콕 집더니 우리를 확 앞당겨 새로운 줄로 서게 하는 것이었습니다. 그러자 기다리느라 지쳤던 아내가 좋아하면서 어떻게 된 거냐고 물었습니다. "내가 워낙 눈에 띄게 잘 생겼잖아!" 저는 농담을 던졌고 아내도 "그렇구나!"라며 받아쳤습니다(웃기는 부부지요).

저와 아내는 그 순간 우리의 순례를 축복하고 위로하시는 하나님의 메시지를 들을 수 있었습니다. 계속 우리의 순례를 방해하는 마귀의 메시지로 힘들었는데, 다윗처럼 하나님의 메시지를 붙들고 순례의 출발지인 생장으로 가는 열차를 탔습니다. (그런데 대적의 공격이 정말 만만치 않네요. 이 묵상을 다 썼는데, 스마트폰이 먹통이 되면서 내용이 다 날아가 다시 썼습니다. 마귀에게 지지 않겠다는 일념으로, 눈도 피곤하고 손가락도 아픕니다.)

Day-1
궁색할수록 큰 은혜

사무엘상 21장 1-9절

다윗이 놉에 가서 제사장 아히멜렉에게 이르니 아히멜렉
이 떨며 다윗을 영접하여 그에게 이르되 어찌하여 네가 홀로 있
고 함께 하는 자가 아무도 없느냐 하니 다윗이 제사장 아히멜렉
에게 이르되 왕이 내게 일을 명령하고 이르시기를 내가 너를 보
내는 것과 네게 명령한 일은 아무것도 사람에게 알리지 말라 하
시기로 내가 나의 소년들을 이러이러한 곳으로 오라고 말하였
나이다 이제 당신의 수중에 무엇이 있나이까 떡 다섯 덩이나 무
엇이나 있는 대로 내 손에 주소서 하니 제사장이 다윗에게 대
답하여 이르되 보통 떡은 내 수중에 없으나 거룩한 떡은 있나
니 그 소년들이 여자를 가까이만 하지 아니하였으면 주리라 하
는지라 다윗이 제사장에게 대답하여 이르되 우리가 참으로 삼
일 동안이나 여자를 가까이 하지 아니하였나이다 내가 떠난 길
이 보통 여행이라도 소년들의 그릇이 성결하겠거든 하물며 오
늘 그들의 그릇이 성결하지 아니하겠나이까 하매 제사장이 그
거룩한 떡을 주었으니 거기는 진설병 곧 여호와 앞에서 물려 낸

떡밖에 없었음이라 이 떡은 더운 떡을 드리는 날에 물려 낸 것이더라 그 날에 사울의 신하 한 사람이 여호와 앞에 머물러 있었는데 그는 도엑이라 이름하는 에돔 사람이요 사울의 목자장이었더라 다윗이 아히멜렉에게 이르되 여기 당신의 수중에 창이나 칼이 없나이까 왕의 일이 급하므로 내가 내 칼과 무기를 가지지 못하였나이다 하니 제사장이 이르되 네가 엘라 골짜기에서 죽인 블레셋 사람 골리앗의 칼이 보자기에 싸여 에봇 뒤에 있으니 네가 그것을 가지려거든 가지라 여기는 그것밖에 다른 것이 없느니라 하는지라 다윗이 이르되 그같은 것이 또 없나니 내게 주소서 하더라

오늘 말씀을 보면서 떠오르는 단어는 '궁색'입니다. 그곳은 일종의 도피성 같은 곳으로, 왕인 사울의 영향력이 그나마 미치지 못하는 곳이어서 살기 위해 갔지만, 그곳도 위험하기는 마찬가지였습니다. 제사장 아히멜렉은 다윗과 사울 왕의 관계가 어떤지 알았고, 또 사울이 어떤 사람인지도 알았기에 떨며 맞이했습니다. 그런 아히멜렉 앞에서 다윗은 거짓말을 하며 굶주림을 면할 떡을 달라고 합니다. 정말이지 궁색한 상황이고 궁색한 말입니다. 그야말로 삶 자체가 궁색합니다. 그런데 이런 상황도 하나님의 인도하심을 받은 거라면, 거기에는 하나님

의 놀라운 은혜와 소명이라는 두 가지 섭리가 있습니다.

우선 은혜는 엉겁결에 다윗이 진설병을 먹었다는 것입니다. 예수님도 인용하신 그 파격적인 은혜! 제사장이 아닌데도 진설병을 먹고 살았다는 것은, 하나님 앞에서 그가 그만큼 특별하다는 의미입니다. 궁색해서 오히려 더 특별한 은혜를 받은 것입니다.

그리고 소명은 바로 '골리앗의 칼'입니다. 그 칼이 바로 거기 있었던 것입니다. 말씀을 통해 볼 때, 아마 다윗은 그 칼이 거기 있는 것을 몰랐던 것 같습니다. 칼이나 창 같은 무기가 있을 거라 기대조차 할 수 없었던 것이지요. 그런데 다른 것도 아닌 그 칼이 거기 있었고, 그것을 다윗이 얻게 되다니…. 너무도 황급히 도망치다 보니 장군이 칼 하나 없이 궁색하게 왔는데, 하나님은 바로 거기에 골리앗의 칼을 준비해 놓고 기다리셨습니다. 다윗에게 이것은 엄청난 감동이었을 것입니다. 그를 이스라엘 왕으로 부르신 하나님의 소명이 다시 한번 강한 감동으로 임했을 것입니다.

그래서 다윗은 "그 같은 것이 또 없나니"라고 말합니다. 살다 보면 궁색한 상황에 처할 수도 있습니다. 그러나 하나님이 인도하시면 거기에는 반드시 은혜와 소명이 있습니다. 궁색하면 궁색할수록 더욱 강렬하게 말입니다.

지금 순례 상황이 궁색하지는 않지만 여전히 쉽지는 않습니다. '엘 까미노 데 산티아고'의 출발지인 생장까지 왔는데, 이런저런 차질이 생겨 좀 짜증나는 상황입니다. 특히 짐을 산티아고까지 부쳐야 하는데(순례 후 여행을 위해 가방 하나를 미리 보내는 것임), 하필이면 그 서비스를 하는 업체가 씨에스타(낮잠을 자는 스페인의 전통적인 습관)로 오후 4시에나 문을 연다고 해서 길에서 두 시간을 보내야 하는 상황이었습니다. 미리 잡은 호텔은 좀 떨어져 있어 갔다 올 수도 없고(그렇게 먼 줄 모르고 가장 싸고 좋아서 잡은 곳임)….

그러나 이런 상황에도 어김없이 하나님의 은혜와 소명은 있었습니다. 우선 소명은 바로 '순례자 여권'을 받은 것입니다. 그것을 아내와 함께 받았는데, 12년 전 아들과 이곳에서 순례자 여권을 받았을 때가 생각나 잠시 뭉클했습니다. 아들과의 소통을 위해, 아버지 노릇 제대로 해보겠다고 여기까지 와서 순례자 여권을 받았을 때 가졌던 그 마음, 그리고 이제 그 아들은 가정을 이루어 아들까지 본 상황에서 그들의 응원을 받으며 이곳에 다시 와 아내와 함께 순례자 여권을 받으니, 다른 무엇보다 가정의 가장이라는 소명, 삶의 그 소명을 새삼 느낍니다.

순례자 사무소의 봉사자가 처음이냐고 물을 때, "내 아내는 처음이고, 나는 두 번째입니다. 12년 전 아들하고 왔었지요"라고 말하면서, 속으로 '당신이 가장의 무게, 그 소명을 아시나요?' 하고 물었습니다.

실수로 호텔을 멀리 잡아 택시를 타야 하는 것에 황당해하면서 관광안내소에 부탁해 택시를 불렀는데, 막상 온 택시가 너무 괜찮은 밴이었습니다. 게다가 운전자가 택시 주인인데, 자기 집이 우리가 묵을 호텔 바로 건너편이라는 것입니다. 그러면서 다음 날 아침에 순례의 출발지까지 데려다 줄 수 있다고 해서 정말 놀랐습니다. 이것이 바로 은혜였습니다. 하나님이 제게 "봤지? 너희는 내게 이렇게 특별하단다"라고 말씀하시는 것 같았습니다.

Day 1
다윗처럼 현실적인 안락함을 포기하고

사무엘상 21장 10절-22장 5절

그 날에 다윗이 사울을 두려워하여 일어나 도망하여 가드 왕 아기스에게로 가니 아기스의 신하들이 아기스에게 말하되 이는 그 땅의 왕 다윗이 아니니이까 무리가 춤추며 이 사람의 일을 노래하여 이르되 사울이 죽인 자는 천천이요 다윗은 만만이로다 하지 아니하였나이까 한지라 다윗이 이 말을 그의 마음에 두고 가드 왕 아기스를 심히 두려워하여 그들 앞에서 그의 행동을 변하여 미친 체하고 대문짝에 그적거리며 침을 수염에 흘리매 아기스가 그의 신하에게 이르되 너희도 보거니와 이 사람이 미치광이로다 어찌하여 그를 내게로 데려왔느냐 내게 미치광이가 부족하여서 너희가 이 자를 데려다가 내 앞에서 미친 짓을 하게 하느냐 이 자가 어찌 내 집에 들어오겠느냐 하니라 그러므로 다윗이 그 곳을 떠나 아둘람 굴로 도망하매 그의 형제와 아버지의 온 집이 듣고 그리로 내려가서 그에게 이르렀고 환난 당한 모든 자와 빚진 모든 자와 마음이 원통한 자가 다 그에게로 모였고 그는 그들의 우두머리가 되었는데 그와 함께 한 자가 사백 명 가량이었더라 다윗이 거기서 모압 미스베로 가서 모압 왕에게 이르되 하나님이 나를 위하여 어떻게 하실지를 내가 알기까지 나의 부모가 나와서 당신들과 함께 있게 하기를 청하나이다 하고 부모를 인도하여 모압 왕 앞에 나아갔더니 그들은 다윗이 요새에 있을 동안에 모압 왕과 함께 있었더라 선지자 갓이 다윗에게 이르되 너는 이 요새에 있지 말고 떠나 유다 땅으로 들어가라 다윗이 떠나 헤렛 수풀에 이르니라

다윗이 가드 왕 아기스에게 도망한 것은 그가 얼마나 힘든 상황이었는지 잘 보여줍니다. 블레셋의 장수 가드의 장대한 자 골리앗을 죽이면서 등장한 하나님의 사람 다윗이 살기 위해 가드 왕 아기스에게 가다니… 이것은 생존을 위해 가치와 의미를 포기한 행동이고, 영적으로는 사울을 통해 다윗을 공격하는 마귀의 유혹에 넘어간 것입니다.

그런데 제가 주목하는 것은, 다윗이 아기스 왕 앞에 갔다가 아기스 신하들의 말을 들으며 미친 척하면서 그곳을 벗어나는 장면입니다. 매우 비참하고 수치스러운 선택이었지만, 그것은 현실적 안전과 편안함을 버리고 가치와 의미를 위한 삶의 가시밭길을 다시 선택한 것이었습니다. 그 후 펼쳐지는 다윗의 삶은 그야말로 도망자의 피곤하고 고단한 삶이었습니다. 자신뿐

아니라 가족까지 안전이 보장되지 않은 채 광야를 헤매고 다니며 살아야 했던 것이지요. 어쩔 수 없이 모압 왕에게 가족을 맡기고 자신은 맛사다에 가 있을 수밖에 없을 정도로 말입니다.

우리는 순례 첫날 여정을 무사히 마쳤습니다. 이 산티아고 순례길 특히 프랑스의 길은 첫날이 가장 힘듭니다. 피레네산을 넘어야 하니까요. 11년 전 아들과 이 길을 걸을 때, 정말 죽을지도 모른다는 공포를 느낄 만큼 힘들게 이 산을 넘었기에, 이번에는 피레네산은 포기하고 스페인의 첫 도시인 론세스바예스로 차를 타고 가서 거기서부터 걸을 생각이었습니다. 아들도 아내에게 그렇게 권유하다 보니, 특히 겁 많은 아내가 그렇게 하겠다고 마음먹은 것이지요. 그런데 차를 타고 피레네를 넘어가는 것은 편안하기는 하지만, 이 순례의 의미를 반감시키는 아주 모양 빠지는 처사지요. 두고두고 후회할 것 같아서 피레네산에 도전하기로 했습니다.

먼저 걸었던 다른 교회 권사님을 아내가 만났는데, 그분이 피레네를 넘는 첫날이 정말 힘들었다고 했나 봅니다. 그래도 걸었다는 사실에 동기부여가 되어 자기도 걷겠다고 도전장을 내밀었습니다. 우리는 일단 피레네의 출발지로는 가장 마지막 지역인 오리손까지 생장에서 택시로 이동해 거기서부터 걷기 시작했습니다. 다행히 비는 오지 않았지만 안개가 짙게 낀 습한 길을 걸으며 곧 현실을 자각했습니다. 아내는 처음부터 무리해 너무 열심히 걸어서인지 허벅지 윗부분이 아파 걸음을 옮기기 힘들었고, 가파른 내리막에서는 늘 그런 것처럼 제 무릎이 아프기 시작했습니다. 그러면서 '그냥 차로 넘었어야 했나?' 하며 자꾸 후회가 되었는데, 이렇게 걷지 않으면 순례의 의미와 가치가 망가지고, 두고두고 후회할 거라고 서로 말해 주면서 그 유혹을 이겨냈습니다. 결국 길에서 타이레놀을 꺼내준 LA에서 온 어느 일가족의 도움과 기도, 그리고 서로 격려한 덕분에 무사히 산을 넘었습니다.

산을 넘어와 늦은 점심을 먹고 나니 온몸이 힘들고 피곤했습니다. 거기서 미리 잡아놓은 숙소까지 남은 길이 3킬로미터 정도인데, 택시를 타든지 아니면 지나가는 차라도 잡아타고 싶은 유혹이 강하게 몰려왔지만, 그것을 잘 이겨내고 그날 계획대로 끝까지 걸었습니다.

역시 마귀의 유혹은 끈질깁니다. 다윗처럼 현실적인 안전과 안락함을 포기하고 가치와 의미를 선택하는 삶, 그것이 순례임을 깨닫게 하는 너무 힘든 그러나 행복한 첫날이었습니다.

Day 2
같은 마음으로 같은 곳을 보다

사무엘상 22장 6-15절

　사울이 다윗과 그와 함께 있는 사람들이 나타났다 함을 들으니라 그 때에 사울이 기브아 높은 곳에서 손에 단창을 들고 에셀 나무 아래에 앉았고 모든 신하들은 그의 곁에 섰더니 사울이 곁에 선 신하들에게 이르되 너희 베냐민 사람들아 들으라 이새의 아들이 너희에게 각기 밭과 포도원을 주며 너희를 천부장, 백부장을 삼겠느냐 너희가 다 공모하여 나를 대적하며 내 아들이 이새의 아들과 맹약하였으되 내게 고발하는 자가 하나도 없고 나를 위하여 슬퍼하거나 내 아들이 내 신하를 선동하여 오늘이라도 매복하였다가 나를 치려 하는 것을 내게 알리는 자가 하나도 없도다 하니 그 때에 에돔 사람 도엑이 사울의 신하 중에 섰더니 대답하여 이르되 이새의 아들이 놉에 와서 아히둡의 아들 아히멜렉에게 이른 것을 내가 보았는데 아히멜렉이 그를 위하여 여호와께 묻고 그에게 음식도 주고 블레셋 사람 골리앗의 칼도 주더이다 왕이 사람을 보내어 아히둡의 아들 제사장 아히멜렉과 그의 아버지의 온 집 곧 놉에 있는 제사장들을 부르매 그들이 다 왕께 이른지라 사울이 이르되 너 아히둡의 아들아 들으라 대답하되 내 주여 내가 여기 있나이다 사울이 그에게 이르되 네가 어찌하여 이새의 아들과 공모하여 나를 대적하여 그에게 떡과 칼을 주고 그를 위하여 하나님께 물어서 그에게 오늘이라도 매복하였다가 나를 치게 하려 하였느냐 하니 아히멜렉이 왕에게 대답하여 이르되 왕의 모든 신하 중에 다윗같이 충실한 자가 누구인지요 그는 왕의 사위도 되고 왕의 호위대장도 되고 왕실에서 존귀한 자가 아니니이까 내가 그를 위하여 하나님께 물은 것이 오늘이 처음이니이까 결단코 아니니이다 원하건대 왕은 종과 종의 아비의 온 집에 아무것도 돌리지 마옵소서 왕의 종은 이 모든 크고 작은 일에 관하여 아는 것이 없나이다 하니라

말씀 속 사울의 모습이 몹시 안타깝습니다. 지금까지도 많이 안타까웠지만, 오늘 말씀에 나타난 모습이 특히 안타깝습니다. 주변에 있는 사람들을 모두 적대적인 관계로 만들고 있기 때문입니다. 그러니까 억울하고 분하고 두렵고 외로운 거지요. 하나님이 복으로 주신 관계를 이렇게 저주로 만들어버리는 것은 몹시도 죄스러운 모습입니다.

신앙은 방향성이 바르면 다윗처럼 힘든 상황 속에서도 마음을 함께하는 사람들이 점점 더 많아집니다. 신앙은 축복의

관계를 더 풍성하게 합니다. 점점 더 고립되고 저주로 둘러싸이는 것은 어느 시대를 막론하고 참신앙이 아닙니다.

둘째 날 순례길을 걸으면서 참 많은 사람을 만났습니다. 인종도 다르고 언어와 문화도 다르지만, 오직 순례의 길을 같은 방향으로 가고 있다는 것 하나로 쉽게 친구가 되고 마음을 엽니다. 그래서 진정한 순례자는 혼자 외롭게 걷지 않습니다. 혼자 왔어도 곧 친구가 되고 동행이 되어, 걷다가 다시 만나면 그렇게 반갑습니다.

저도 참 많은 동행을 만났고 축복의 관계를 맺었습니다. 그중 한 가족은 피레네산에서 우리에게 타이레놀을 준 LA에서 온 히스패닉 일가족인데, 오늘 길가의 한 카페에서 다시 만났습니다. 그렇게 반가울 수가 없었습니다.

이런저런 인사를 나누다 놀랍게도 그 가족 어머니의 할머니가 한국인이라는 것을 알았습니다. 애니깽이라고 알려진 1904년에 우리나라 최초로 멕시코 유카탄 메리다 지역으로 취업이민을 간 그 슬프고 아련한 신앙의 선배들이 바로 그의 할머니였던 것입니다. 매우 감동스럽고 너무 가깝게 느껴져, 그 가족의 열두 살 먹은 아들 쉐이톤에게 20유로를 쥐어주었습니다. 한국 어른들이 그렇게 하는 것처럼 말입니다. 아무

이유 없이 같이 순례의 길을 걷는다는 것만으로 축복된 관계를
풍성히 누린 하루였습니다.

Day 3
그만 쓰겠다고 하실 때

사무엘상 22장 16-23절

왕이 이르되 아히멜렉아 네가 반드시 죽을 것이요 너와 네 아비의 온 집도 그러하리라 하고 왕이 좌우의 호위병에게 이르되 돌아가서 여호와의 제사장들을 죽이라 그들도 다윗과 합력하였고 또 그들이 다윗이 도망한 것을 알고도 내게 알리지 아니하였음이니라 하나 왕의 신하들이 손을 들어 여호와의 제사장들 죽이기를 싫어한지라 왕이 도엑에게 이르되 너는 돌아가서 제사장들을 죽이라 하매 에돔 사람 도엑이 돌아가서 제사장들을 쳐서 그 날에 세마포 에봇 입은 자 팔십오 명을 죽였고 제사장들의 성읍 놉의 남녀와 아이들과 젖 먹는 자들과 소와 나귀와 양을 칼로 쳤더라 아히둡의 아들 아히멜렉의 아들 중 하나가 피하였으니 그의 이름은 아비아달이라 그가 도망하여 다윗에게로 가서 사울이 여호와의 제사장들 죽인 일을 다윗에게 알리매 다윗이 아비아달에게 이르되 그 날에 에돔 사람 도엑이 거기 있기로 그가 반드시 사울에게 말할 줄 내가 알았노라 네 아버지 집의 모든 사람 죽은 것이 나의 탓이로다 두려워하지 말고 내게

있으라 내 생명을 찾는 자가 네 생명도 찾는 자니 네가 나와 함께 있으면 안전하리라 하니라

사울은 왜 그랬을까요? 아히멜렉의 말과 행동에는 잘못된 것이 없는데 말입니다. 더구나 왕이 제사장을 죽이다니요. 이 것은 절대로 해서는 안 되는 일입니다. 그래서 신하들조차 사 울의 명령을 거부하는데, 왜 도엑을 시켜 아히멜렉 일가를 도 륙하는 그야말로 돌이킬 수 없는 짓을 했을까요? 단지 자신이 그렇게 미워하는 다윗을 아히멜렉이 도와주었기 때문에 화가 나서 그런 것은 아닙니다. 그보다 다윗을 향한 사울의 미움과 분노가 여호와 하나님을 향한 미움과 분노였기 때문입니다. 그 래서 여호와의 제사장을 향해 그 분노를 절제하지 못한 것입 니다.

그러면 사울은 여호와 하나님께 무엇이 그리 섭섭해 화가 났을까요? 그것은 한마디로, 하나님이 이제 그를 그만 쓰겠다 고 하셨기 때문입니다. 이스라엘 초대 왕으로 들어 쓰셨으나, 여러 이유로 이제 하나님이 그만 쓰겠다고 하십니다. 그 대신 다윗을 쓰겠다고, 그러니까 너는 그 자리에서 내려오라고 하시

는 것에 화가 나고 섭섭했던 것입니다.

성경에 여호와께서 사울을 버리셨다는 표현이 나오지만, 그것은 거절이 아니라 더 이상 쓰지 않겠다는 의미입니다. 하나님이 들어 쓰시면 언젠가는 그만 쓰시는 것이 필연이므로, 분노하고 반항하면 안 되는 것이지요. 결국 사울은 올라갔다 내려오는 과정에서 큰 잘못을 범한 것입니다. 그만 쓰시겠다는 하나님의 말씀 앞에 아름답게 순종한 사무엘과 매우 대조가 됩니다. 하나님의 사람은 하나님께 쓰임받을 때보다 하나님이 그만 쓰겠다고 하실 때, 그때가 정말 중요합니다.

까미노 순례길을 걸으며 이 영적인 진리를 그야말로 온몸으로 깨닫고 있습니다. 이 산티아고 순례길은 그렇게 험하고 힘든 길은 아닙니다. 그런데 정말 다양하고 다채롭습니다. 그리고 크고 작은 오르막 내리막이 반복됩니다. 물론 오르막이 힘듭니다. 숨이 차고 다리도 아픕니다. 그러나 정말 힘들고 조심해야 할 것은 내리막입니다. 어제도 론세스바예스에서 수비리를 거쳐 라라소아냐로 가는 길을 걸으며, 마지막 내리막길에서 정말 고생했습니다. 넘어질까 조심하면서 무릎 관절 통증에 두려움이 올 정도였습니다. 그렇게 계속 내리막길을 내려오면서 아내와 바로 이 진리를 나누었습니다. 하나님께 쓰임받을 때보다 하나님이 그만 쓰겠다고 하실 때, 그때가 정말 중요하다고 그리고 우리가 바로 그 내리막길을 걸어야 한다고 …. 우리 순례의 성공과 실패는 바로 이 내리막길을 어떻게 내려가는지에 달려 있다고 말입니다. 그렇게 비장하게 아주 힘들고 피곤한 순례길을 걸었습니다.

Day 4
브엔 까미노

주께서 생명의 길을 내게 보이시리니 주의 앞에는 충만한 기쁨이 있고 주의 오른쪽에는 영원한 즐거움이 있나이다 "

오늘은 주일입니다. 그래서 시편 16편 11절 말씀을 "브엔 까미노"라는 제목으로 묵상하려고 합니다. 산티아고 순례길을 걸으면서 사람들이 서로 나누는 인사가 '브엔 까미노'(Buen Camino)입니다. 말 그대로 번역하면 '좋은 길'인데, 그 의미는 좋은 여행이 되라는 뜻이지요. 그러나 저는 그 인사 그대로 정말 의미가 있다고 생각합니다. 순례의 길은 그야말로 좋은 길이어야 하기 때문입니다.

신앙인의 삶이라는 그 길은 좋은 길이어야 합니다. 그러면 무엇이 좋은 길일까요? 그것은 다윗의 시인 이 시편 16편 11절에 나오는 "생명의 길"입니다. 생명의 길이 바로 좋은 길이지요. 그렇다면 생명의 길로서 순례의 길은 어떤 길일까요? 그 답을 어제 팜플로나에서 뿌엔테 라 레이나까지 걸으며 깊이 생각하다가 두 가지로 정의해 보았습니다.

첫째는 그 길과 그 길을 걸을 수 있는 것 자체가 감사이자 축복인 생명의 길입니다. 아내와 걸으면서, 이렇게 걸을 수 있다는 것이 얼마나 감사하고 복된 일인지 여러 번 나누며 고백했습니다. 브엔 까미노, 생명의 길은 다른 이유 없이 그저 그 길 자체가, 그리고 그 길을 걷는 것 자체가 말할 수 없는 감사와 은혜, 축복입니다. 성경을 보면 살아 있음이 축복이라는 고백이 여러 번 나옵니다. 산 자만이 하나님을 찬양할 수 있으니까요. 생명의 길은 생명 그 자체로 감사하고 행복하다는 사실을 깨닫고 누리는 길입니다.

둘째는 회복의 길입니다. 생명은 회복하는 것입니다. 따라서 그 길이 생명의 길이라면, 그 길을 걸으면서 회복의 역사가 있어야 합니다. 팜플로나에서 출발해 산을 하나 넘었습니다. 산 위에 발전용 풍차가 수십 개 세워져 있을 정도로 바람이 많이 불어 걷기 힘든 곳입니다. 바로 그 산을 넘는 언덕이 있는데, 그 언덕이 '알토 델 페르돈' 즉 용서의 언덕입니다. 그곳에 오르면서 왜 용서의 언덕이라고 이름을 붙였을까 생각해 보았습니다. 찾아보니 8킬로미터의 돌길로 된 언덕을 오르면서 마음에 용서하지 못한 것이 있으면 다 용서하라는 의미에서 그렇게 이름 붙였다고 합니다. 저는 용서가 그렇게 힘든 거라는 생각이 들었습니다. 그 언덕을 오르는 것이 힘들 듯, 용서는 정말 힘든 일입니다. 그리고 용서하면서 관계뿐 아니라 자기 자신이 온전히 회복되는 것이 바로 브엔 까미노, 즉 생명의 길이라는 생각이 들었습니다. 우리의 신앙생활은, 아니 신앙인의 삶 자체는 순례의 길입니다. 그래서 그 길은 어떤 상황에 있든지 브엔 까미노, 즉 좋은 길, 생명의 길이어야 합니다.

순례길은 곧 영적 전쟁이자 선교 사역

성도 여러분, 저는 지난 주간에 프랑스의 생장에서 시작해 피레네산을 넘어 산티아고로 가는 순례길의 첫 부분을 걸었습니다. 11년 전 아들과 걸은 곳인데 그때 기억은 잘 나지 않고 힘들다는 것만 똑같습니다. 그래도 너무 좋고 행복해서 이렇게 순례를 보내준 교회와 성도님들께 감사한 마음 가득합니다.

순례 기간 동안 편지를 다섯 번 드리려고 하는데, 오늘은 그 첫 번째로 새롭게 깨달은 순례의 의미를 나누고자 합니다. 이번에 순례를 시작하면서, 이 엘 까미노 데 산티아고 콤포스텔라에 대해 찾아보다가 새삼 놀라고 감동했습니다. 이 순례길이 영적 전쟁, 선교 사역과 깊은 관계가 있기 때문이었습니다.

산티아고 순례길은 이슬람과 치열하게 싸워 이슬람 세력을 몰아내고 기독교가 이베리아 반도를 회복해 가면서, 회복한 그 땅을 진정한 기독교 나라로 만들기 위해 일으킨 영적 운동이었습니다. 무슨 이야기인가 하면, 이슬람 세력을 몰아내기는 했지만 그 땅이 수백 년 동안 이슬람 문화에 젖어 있었기에 영적으로 온전히 회복하려면 이슬람 세력을 몰아내야 했습니다. 그래서 기독교 군대의 수호성인 산티아고, 즉 사도 야고보의 무덤이 있다고 알려진 산티아고 콤포스텔라까지 신앙의 사람들이 그 땅을 밟으며 예배하게 한 것입니다. 그 땅의 이방 문화가 스러지고 참된 신앙의 영성이 회복되도록 말입니다. 제가 지금 걷고 있는 프랑스의 길은 이슬람과 대치하고 있는 전선, 우리나라로 말하면 DMZ(비무장지대) 같은 곳이었답니다. 순례자들이 최전선을 밟고 걸으며 예배하면서 그 땅을 회복시킨 것입니다.

그런데 성도 여러분, 사실은 산티아고 순례길만 그런 게 아니고 순례자로 살아가는 신앙도 정말 그렇습니다. 순례자는 자신에게 주어진 삶의 자리를 예배하고 걸으면서 온전히 회복시켜 하나님나라가 되게 하니까요.

저는 그동안 이 순례가 개인의 영성인 줄로만 알다가 선교 사역적인 것을 알고, 더욱 힘 있게 한 걸음 한 걸음 즈려 밟고 있습니다. 밟는 모든 곳에 하나님의 통치가 회복되고, 악한 것이 모두 떠나가도록 선포하면서 말입니다.

산티아고 순례길에서, 유진소 목사 드림

Buen Camino!

2장

바라봄, 하나님과 사귀다

Day 5
끊임없는 대화

🌿🌿 사무엘상 23장 1-14절

사람들이 다윗에게 전하여 이르되 보소서 블레셋 사람이 그
일라를 쳐서 그 타작 마당을 탈취하더이다 하니 이에 다윗이 여
호와께 문자와 이르되 내가 가서 이 블레셋 사람들을 치리이까
여호와께서 다윗에게 이르시되 가서 블레셋 사람들을 치고 그
일라를 구원하라 하시니 다윗의 사람들이 그에게 이르되 보소
서 우리가 유다에 있기도 두렵거든 하물며 그일라에 가서 블레
셋 사람들의 군대를 치는 일이리이까 한지라 다윗이 여호와께
다시 문자온대 여호와께서 대답하여 이르시되 일어나 그일라
로 내려가라 내가 블레셋 사람들을 네 손에 넘기리라 하신지라
다윗과 그의 사람들이 그일라로 가서 블레셋 사람들과 싸워 그
들을 크게 쳐서 죽이고 그들의 가축을 끌어 오니라 다윗이 이와
같이 그일라 주민을 구원하니라 아히멜렉의 아들 아비아달이
그일라 다윗에게로 도망할 때에 손에 에봇을 가지고 내려왔더
라 다윗이 그일라에 온 것을 어떤 사람이 사울에게 알리매 사울
이 이르되 하나님이 그를 내 손에 넘기셨도다 그가 문과 문 빗

장이 있는 성읍에 들어갔으니 갇혔도다 사울이 모든 백성을 군사로 불러모으고 그일라로 내려가서 다윗과 그의 사람들을 에워싸려 하더니 다윗은 사울이 자기를 해하려 하는 음모를 알고 제사장 아비아달에게 이르되 에봇을 이리로 가져오라 하고 다윗이 이르되 이스라엘 하나님 여호와여 사울이 나 때문에 이 성읍을 멸하려고 그일라로 내려오기를 꾀한다 함을 주의 종이 분명히 들었나이다 그일라 사람들이 나를 그의 손에 넘기겠나이까 주의 종이 들은 대로 사울이 내려 오겠나이까 이스라엘의 하나님 여호와여 원하건대 주의 종에게 일러 주옵소서 하니 여호와께서 이르시되 그가 내려오리라 하신지라 다윗이 이르되 그일라 사람들이 나와 내 사람들을 사울의 손에 넘기겠나이까 하니 여호와께서 이르시되 그들이 너를 넘기리라 하신지라 다윗과 그의 사람 육백 명 가량이 일어나 그일라를 떠나서 갈 수 있는 곳으로 갔더니 다윗이 그일라에서 피한 것을 어떤 사람이 사울에게 말하매 사울이 가기를 그치니라 다윗이 광야의 요새에도 있었고 또 십 광야 산골에도 머물렀으므로 사울이 매일 찾되 하나님이 그를 그의 손에 넘기지 아니하시니라

오늘 말씀에서 저는 다윗 때문에 두 번 충격을 받았습니다. 하나는 그일라가 블레셋에게 침략당했다는 소식을 들고는 하나님께 가서 그일라를 구원할지 묻는 부분입니다. 도대체 왜 물었을까요? 다윗에게는 더 이상 해당사항이 없는 일인데요.

사울의 군대장관일 때는 자신이 해야 할 일이었지만, 자기를 죽이려는 사울에게 쫓기고 있는 상황에서 정말 신경 쓸 이유도 여유도 없는데, 그것을 하나님께 묻다니요. 정말 다윗의 사람들처럼 저도 도무지 다윗을 이해할 수 없습니다. 오지랖이라면 정말 말도 안 되는 오지랖입니다.

또 하나는 그일라 사람들을 구원하고도, 사울이 다윗을 잡으러 올 때 다윗을 사울에게 넘길 거라는 말을 어떻게 그렇게 쿨하게 받아들일 수 있나 하는 것입니다. 저 같으면 정말 상처받아서 스스로 무력해지고 좌절했을 텐데요. 다윗이 이렇게 놀랍게 행동할 수 있었던 것은 본문에 나오는 것처럼 계속 하나님께 여쭙고 대화했기 때문입니다. 그러니까 그렇게 힘든 상황에서도 상황 논리에 빠지지 않고, 인간의 죄 된 본성에 직면하고도 무너지지 않을 수 있었던 것입니다. 하나님과의 끊임없는 대화, 그것이 제가 너무도 닮고 싶은 오늘 본문 속의 다윗을 만들어낸 것입니다.

오늘은 주일이지만 따로 주일예배를 드리지 않고 순례의 길을 걸으며 예배를 드렸습니다. 그러면서 어떤 순례자가 가장 행복하게 순례의 길을 걷는지 하나님께 여쭈어보았습니다. 하나님이 제 마음에 주신 답은, 우선 하나님과 구체적으로 대화하면서 걷는 순례자가 가장 행복하게 이 길을 걷는 거라고 말씀하셨습니다. 그리고 두 번째는 사랑하는 가족과 함께 걷는 사람이라고 하시면서, 마지막에 "바로 너야!" 하시는데 눈물이 핑 돌았습니다. 하나님과 이렇게 계속 구체적으로 대화하고 함께하기 원합니다. 때로는 마음속으로 혼자서, 또 때로는 아내와 대화하면서 하나님과 계속 교제하고 싶습니다.

Day 6
이기적인 사람 vs 이타적인 사람

🍇 **사무엘상 23장 15-29절**

다윗이 사울이 자기의 생명을 빼앗으려고 나온 것을 보았으므로 그가 십 광야 수풀에 있었더니 사울의 아들 요나단이 일어나 수풀에 들어가서 다윗에게 이르러 그에게 하나님을 힘 있게 의지하게 하였는데 곧 요나단이 그에게 이르기를 두려워하지 말라 내 아버지 사울의 손이 네게 미치지 못할 것이요 너는 이스라엘 왕이 되고 나는 네 다음이 될 것을 내 아버지 사울도 안다 하니라 두 사람이 여호와 앞에서 언약하고 다윗은 수풀에 머물고 요나단은 자기 집으로 돌아가니라 그 때에 십 사람들이 기브아에 이르러 사울에게 나아와 이르되 다윗이 우리와 함께 광야 남쪽 하길라 산 수풀 요새에 숨지 아니하였나이까 그러하온즉 왕은 내려오시기를 원하시는 대로 내려오소서 그를 왕의 손에 넘길 것이 우리의 의무니이다 하니 사울이 이르되 너희가 나를 긍휼히 여겼으니 여호와께 복 받기를 원하노라 어떤 사람이 내게 말하기를 그는 심히 지혜롭게 행동한다 하나니 너희는 가서 더 자세히 살펴서 그가 어디에 숨었으며 누가 거기서 그를 보았는지 알아보고 그가 숨어 있는 모든 곳을 정탐하고 실상을 내게 보고하라 내가 너희와 함께 가리니 그가 이 땅에 있으면 유다 몇 천 명 중에서라도 그를 찾아내리라 하더라 그들이 일어나 사울보다 먼저 십으로 가니라 다윗과 그의 사람들이 광야 남쪽 마온 광야 아라바에 있더니 사울과 그의 사람들이 찾으러 온 것을 어떤 사람이 다윗에게 아뢰매 이에 다윗이 바위로 내려가 마온 황무지에 있더니 사울이 듣고 마온 황무지로 다윗을 따라가서는 사울이 산 이쪽으로 가매 다윗과 그의 사람들은 산 저쪽으로 가며 다윗이 사울을 두려워하여 급히 피하려 하였으니 이는 사울과 그의 사람들이 다윗과 그의 사람들을 에워싸고 잡으려 함이었더라 전령이 사울에게 와서 이르되 급히 오소서 블레셋 사람들이 땅을 침노하나이다 이에 사울이 다윗 뒤쫓기를 그치고 돌아와 블레셋 사람들을 치러 갔으므로 그 곳을 셀라하마느곳이라 칭하니라 다윗이 거기서 올라가서 엔게디 요새에 머무니라

이 말씀은 사울을 피해 십 광야로 도피한 다윗 주변의 두 종류의 사람 이야기입니다. 하나는 요나단입니다. 요나단은 아버지 사울을 따라 거기까지 왔지만, 수풀에 들어가 은밀히 다윗을 만나고 기가 막힌 말로 힘을 북돋아주며 격려합니다. 이와 대조적인 사람으로는 십 광야에 살던 사람들입니다. 그들

은 사울에게 가서 다윗을 고발합니다. 아마 자기들에게 피해가 올까봐, 아니면 그렇게 해서 사울에게 포상이라도 받으려고 그랬겠지만, 다윗에게는 정말 힘 빠지는 일이었습니다.

사실 십 광야에 사는 사람들은 베두인이기 때문에 잃을 것이 별로 없었습니다. 다윗 때문에 피해 볼 것도 별로 없는데 그렇게 한다는 것에, 아마 다윗은 인간의 죄성에 마음이 무너지며 환멸을 느꼈을 것입니다. 이 둘의 차이는 무엇일까요? 여러 가지가 있지만 핵심은 이기심입니다. 요나단은 자기의 모든 것을 버리면서 다윗을 격려한 정말 가늠할 수 없는 이타적인 사랑을 보여줍니다. 그러나 십 사람들은 지독히 이기적이었습니다.

순례길을 걷다 보면 힘들고 어려울 때 함께 걷는 사람에게서 모든 것을 이길 수 있는 힘을 얻기도 합니다. 그러나 때로는 순례를 그만두고 싶을 정도로 힘이 빠지기도 합니다. 이 둘의 차이는 바로 이기적, 자기중심적 생각에 있습니다. 이 두 경우가 우리 부부에게 오늘 하루에 다 일어났습니다. 오늘 걸은 코스가 에스테이야에서 산솔까지 28킬로미터 가까이 되는 긴 구간이었습니다. 비가 올지도 모른다는 예보에 긴장하면서 기도했고, 그래서 새벽 일찍 시작했는데 하나님의 은혜로 구름은 끼었지만 비는 오지 않아 오히려 더 좋은 날씨에 정말 행복하게 걸었습니다. 그러면서 서로 힘들까봐 격려하고, 심지어 물을 마시는 것도 자기 배낭에 있는 것이 아니라 상대방의 것을 마시고(그래야 그의 배낭이 조금이라도 가벼워지니까요. 이 깊은 뜻을 아실지 모르겠네요), 잘하고 있다고 서로 격려하면서 걸었습니다. 그런데 오후가 되자 아침에 기도를 너무 열심히 했는지, 온다는 비는 안 오고 오히려 해가 내리쬐었습니다. 하필 나무 하나 없는 들판을 걷게 되니 무척이나 힘들었습니다. 항상 그날의 숙소가 있는 마지막 지점을 걸을 때는 힘이 드는데, 오늘은 특히 더 힘들었습니다. 그러면서 짜증내고, 상대방의 말에 민감해지고, 서로 비난하고 갈등하면서 힘이 빠지고 지쳐갔습니다. 이유는 단 하나지요. 힘이 드니까 서로 자기 입장만 생각하면서 이기적이 되는 것이지요. 이 나이에도 그러니 인생 참 쉽지 않습니다.

여하튼 정말 분명한 것은, 이기적인 사람은 힘을 빠지게 하고, 이타적인 십자가 사랑을 가진 사람은 오히려 힘이 나게 한다는 것입니다. 이것을 배우려고 여기까지 왔는데, 오늘은 낙제입니다.

Day 7
선한 양심과 영성의 알람

사무엘상 24장 1-7절

사울이 블레셋 사람을 쫓다가 돌아오매 어떤 사람이 그에게
말하여 이르되 보소서 다윗이 엔게디 광야에 있더이다 하니 사
울이 온 이스라엘에서 택한 사람 삼천 명을 거느리고 다윗과 그
의 사람들을 찾으러 들염소 바위로 갈새 길 가 양의 우리에 이
른즉 굴이 있는지라 사울이 뒤를 보러 들어가니라 다윗과 그의
사람들이 그 굴 깊은 곳에 있더니 다윗의 사람들이 이르되 보
소서 여호와께서 당신에게 이르시기를 내가 원수를 네 손에 넘
기리니 네 생각에 좋은 대로 그에게 행하라 하시더니 이것이 그
날이니이다 하니 다윗이 일어나서 사울의 겉옷 자락을 가만히
베니라 그리 한 후에 사울의 옷자락 벰으로 말미암아 다윗의 마
음이 찔려 자기 사람들에게 이르되 내가 손을 들어 여호와의 기
름 부음을 받은 내 주를 치는 것은 여호와께서 금하시는 것이니
그는 여호와의 기름 부음을 받은 자가 됨이니라 하고 다윗이 이
말로 자기 사람들을 금하여 사울을 해하지 못하게 하니라 사울
이 일어나 굴에서 나가 자기 길을 가니라

엔게디에서 다윗이 사울을 죽일 수 있는 절호의 기회에 죽이지 않은 아주 유명한 이야기입니다. 그리고 신학교에서 교수님께 들은 강의 그대로, 이것은 다윗의 선택 가운데 가장 탁월한 선택이었습니다. 만일 그때 사울을 죽였다면, 어쩌면 다윗은 이스라엘의 왕이 되지 못했을 것입니다. 혹여 이스라엘의 왕이 되었다 해도, 온전한 이스라엘 전체의 왕이 되지는 못했을 것입니다. 사울을 따르던 지파들이 다윗에게 절대 오지 않았을 테니까요. 그리고 다윗 스스로 신하가 왕을 죽이는 전통을 만들었으니, 다윗 자신은 물론 후손도 끊임없이 신하들에게 살해당할 위험에 노출되었겠지요.

그런데 그 순간 사울을 향한 미움이라는 감정에 휘둘리지 않고, 그를 죽이고 지긋지긋한 도망자의 삶을 끝내고 싶은 유혹에 넘어가지 않는 결정을 한 것입니다. 정말 탁월한 결정이었습니다. 어떻게 그런 결정을 내릴 수 있었을까요?

저는 그 답이 바로 5절 "다윗의 마음이 찔려"에 있다고 봅니다. 비록 다윗이 그 순간 마음에 충동이 일어, 옆에 있는 사람들의 말에 넘어가 사울의 겉옷 자락을 베기는 했지만, 그때 다윗 안에 있는 알람이 울린 것입니다. 하나님이 그에게 넣어주신 선한 양심과 영성이라는 알람이 울린 것이지요. 바로 그때 알람이 울렸기에 잘못된 길로 한 발 내디뎠지만 바로 돌이킬 수 있었습니다. 순례의 길을 잘 걸어가기 위해서는 바로 이 알람이 잘 울려야 합니다.

산티아고로 가는 길은 노란색 화살표로 표시가 정말 잘되어 있습니다. 그러나 한순간 길을 놓치고 잘못된 길로 갈 수 있습니다. 이틀 전에 저도 하마터면 길을 놓치고 한참 고생할 뻔했습니다. 산티아고 순례길은 주로 산이나 들판에 나있는 길을 걷지만, 군데군데 그야말로 영화 세트장 같은 고색창연한 마을을 지나기도 합니다. 그러면 거기에는 커피와 빵을 먹을 수 있는 카페가 반드시 있어서, 걷던 사람들이 거기로 모이는 아주 재미있는 코스입니다.

그날도 그렇게 모였다가 마을을 나오면서 들판으로 걸어가는데, 백인 여성들과 같이 걷게 되었습니다. 늘 그렇듯 어디서 왔냐고 물었습니다. 그렇게 걷는 사람들은 저마다 스토리가 있기에 인생이야기를 듣고 싶어합니다. 그중 나이 지긋한 여성이 LA에서 왔다고 답을 합니다. 반가워서 나도 LA에 살았는데 어디에 사는지 물으니 다나 포인트라고 합니다. 거기는 성공한 사람들이 사는 곳이라 멋지다며 말을 이어가니, 그 여성이 신이 나서 남편과 딸이 함께 와서 처음 며칠을 같이 걸었는데 일 때문에 돌아갔고, 자기는 산티아고까지 걷는다고 합니다. 그렇게 신나게 이야기하면서 걷는데, 뒤에서 아내와 다른 몇 사람이 저를 막 부릅니다. 돌아보니 그 길이 아니라며 길을 잘못 들었다고 합니다. 정신 차리고 보니 옆으로 빠져야 했는데 이야기에 정신이 팔려 큰길로 계속 걸어갔던 것입니다. 하마터면 한참을 잘못 갈 뻔했습니다.

순례의 길을 가다 보면 이렇게 여러 이유로 길을 잘못 들 때가 있습니다. 그때마다 알람이 빨리 울려야 합니다. 사람들이 말해 주든지 아니면 스스로 뭔가 잘못됐음을 깨닫든지 해야 합니다. 인생을 살면서 잘못된 길로 빠지지 않을 수는 없습니다. 다만 그때 다윗처럼 알람이 울리는지 아닌지가 정말 중요합니다.

Day 8
이 걸음의 의미

사무엘상 24장 8-22절

　그 후에 다윗도 일어나 굴에서 나가 사울의 뒤에서 외쳐 이르되 내 주 왕이여 하매 사울이 돌아보는지라 다윗이 땅에 엎드려 절하고 다윗이 사울에게 이르되 보소서 다윗이 왕을 해하려 한다고 하는 사람들의 말을 왕은 어찌하여 들으시나이까 오늘 여호와께서 굴에서 왕을 내 손에 넘기신 것을 왕이 아셨을 것이니이다 어떤 사람이 나를 권하여 왕을 죽이라 하였으나 내가 왕을 아껴 말하기를 나는 내 손을 들어 내 주를 해하지 아니하리니 그는 여호와의 기름 부음을 받은 자이기 때문이라 하였나이다 내 아버지여 보소서 내 손에 있는 왕의 옷자락을 보소서 내가 왕을 죽이지 아니하고 겉옷 자락만 베었은즉 내 손에 악이나 죄과가 없는 줄을 오늘 아실지니이다 왕은 내 생명을 찾아 해하려 하시나 나는 왕에게 범죄한 일이 없나이다 여호와께서는 나와 왕 사이를 판단하사 여호와께서 나를 위하여 왕에게 보복하시려니와 내 손으로는 왕을 해하지 않겠나이다 옛 속담에 말하기를 악은 악인에게서 난다 하였으니 내 손이 왕을 해하지 아니하리이다 이스라엘 왕이 누구를 따라 나왔으며 누구의 뒤를 쫓나이까 죽은 개나 벼룩을 쫓음이니이다 그런즉 여호와께서 재판장이 되어 나와 왕 사이에 심판하사 나의 사정을 살펴 억울함을 풀어 주시고 나를 왕의 손에서 건지시기를 원하나이다 하니라 다윗이 사울에게 이같이 말하기를 마치매 사울이 이르되 내 아들 다윗아 이것이 네 목소리냐 하고 소리를 높여 울며 다윗에게 이르되 나는 너를 학대하되 너는 나를 선대하니 너는 나보다 의롭도다 네가 나 선대한 것을 오늘 나타냈나니 여호와께서 나를 네 손에 넘기셨으나 네가 나를 죽이지 아니하였도다 사람이 그의 원수를 만나면 그를 평안히 가게 하겠느냐 네가 오늘 내게 행한 일로 말미암아 여호와께서 네게 선으로 갚으시기를 원하노라 보라 나는 네가 반드시 왕이 될 것을 알고 이스라엘 나라가 네 손에 견고히 설 것을 아노니 그런즉 너는 내 후손을 끊지 아니하며 내 아버지의 집에서 내 이름을 멸하지 아니할 것을 이제 여호와의 이름으로 내게 맹세하라 하니라 다윗이 사울에게 맹세하매 사울은 집으로 돌아가고 다윗과 그의 사람들은 요새로 올라가니라

"너는 나보다 의롭도다." 이 한 마디면 되었습니다. 억울하게 핍박받고 힘들게 도망자의 삶을 살다가, 사울을 죽이고 끝낼 수 있는 기회를 잡지만, 하나님 때문에 그것을 포기합니다. 너무나 힘들고 억울해 먼발치에서 사울 향해, 나는 억울하다고

내게 왜 그러냐고 울부짖듯 외치는 다윗의 모습이 제 가슴에 아리게 전해 옵니다. 저도 나름 그런 경험을 해보았으니까요.

하나님의 뜻을 따라가면서도 억울하고 힘들고 혼자만 손해 보는 것 같고, 그래서 차라리 하나님을 몰랐으면 더 좋았겠다고 생각할 때도 있었습니다. 그런데 그런 다윗을 향해 하나님은 놀랍게도 사울의 입을 통해 그 모든 것의 답을 말씀해 주셨습니다. 그것이 "네가 나보다 의롭다"입니다. 네가 가는 길이, 네가 지금 살아가는 방식이 의롭다는 것입니다. 그래서 의미 있고 가치 있다는 것입니다. 그러면 된 것이지요. 그러면 아무리 힘들어도 계속 할 수 있는 것이지요.

본문에서 사울은 울며 회개하고 다윗을 왕으로 인정하는 말을 하지만, 다윗은 자기 사람들과 함께 여전히 요새로 올라갔다고 기록되어 있습니다. 여전히 힘든 도망자의 삶을 산다는 것이지요. 그러나 하나님의 말씀으로 계속 살 수 있는 힘을 얻고, 그렇게 요새로 올라갔을 것입니다. 하나님의 뜻을 따라 순종하는 삶을 살려고 말입니다.

순례의 길을 걸으면서 가장 큰 갈등은 '꼭 이렇게 걸어야 하나?' 하는 것입니다. 이럴 줄 알고 성도들에게 800킬로미터를 끝까지 걷겠다고 선포하고 왔지만, 솔직히 하루에도 몇 번

씩 괜히 그랬다는 후회가 밀려옵니다. 그러면서 '꼭 다 걷지 않아도 되지 않을까? 중간중간 차를 타고 가도 누가 뭐라고 하지 않을 텐데⋯. 우리 성도님들은 워낙 사랑이 많으시니까 다 이해해 주실텐데⋯' 하는 유혹이 계속 올라옵니다.

오른 발이 아파 오고, 아내는 발바닥에 물집이 잡혀 힘든 상황이 되자, 이 유혹이 나름 아주 현실적인 설득을 합니다. 아, 마귀가 나쁜 놈인 줄은 알았지만 이렇게 치사하고 비열할 줄은 몰랐습니다. 그러나 발이 걸을 수 없는 지경이 되기 전까지 이 순례를 멈출 수 없는 것은, 하나님의 뜻을 따라 하나님의 사람으로 걷는 것이기 때문입니다.

산티아고 대성당까지 가도 순례를 마쳤다는 인정서 한 장 주는 것 외에 아무것도 없지만, 그것 때문에 가는 것이 아니니 상관없습니다. 신앙의 삶이 왜 순례의 길을 걷는 것인지를 배우고 깨달으라는 하나님의 뜻을 이루는 것, 우리 주님이 세례 요한에게 말씀하신 그대로 '의를 이루는 것' 그것만이 이 걸음의 의미입니다. 산티아고에 도착하면 울 것 같다는 말을 아내가 자꾸 하는 것은, 걷는 것이 힘들어도 그 의미를 붙잡고 애쓰며 가고 있다는 뜻이겠지요.

Day 9
순례자의 걸음

🐚 사무엘상 25장 1-13절

  사무엘이 죽으매 온 이스라엘 무리가 모여 그를 두고 슬피 울며 라마 그의 집에서 그를 장사한지라 다윗이 일어나 바란 광야로 내려가니라 마온에 한 사람이 있는데 그의 생업이 갈멜에 있고 심히 부하여 양이 삼천 마리요 염소가 천 마리이므로 그가 갈멜에서 그의 양 털을 깎고 있었으니 그 사람의 이름은 나발이요 그의 아내의 이름은 아비가일이라 그 여자는 총명하고 용모가 아름다우나 남자는 완고하고 행실이 악하며 그는 갈렙 족속이었더라 다윗이 나발이 자기 양 털을 깎는다 함을 광야에서 들은지라 다윗이 이에 소년 열 명을 보내며 그 소년들에게 이르되 너희는 갈멜로 올라가 나발에게 이르러 내 이름으로 그에게 문안하고 그 부하게 사는 자에게 이르기를 너는 평강하라 네 집도 평강하라 네 소유의 모든 것도 평강하라 네게 양 털 깎는 자들이 있다 함을 이제 내가 들었노라 네 목자들이 우리와 함께 있었으나 우리가 그들을 해하지 아니하였고 그들이 갈멜에 있는 동안에 그들의 것을 하나도 잃지 아니하였나니 네 소년들에게 물으면 그들이 네게 말하리라 그런즉 내 소년들이 네게 은혜를 얻게 하라 우리가 좋은 날에 왔은즉 네 손에 있는 대로 네 종들과 네 아들 다윗에게 주기를 원하노라 하더라 하라 다윗의 소년들이 가서 다윗의 이름으로 이 모든 말을 나발에게 말하기를 마치매 나발이 다윗의 사환들에게 대답하여 이르되 다윗은 누구며 이새의 아들은 누구냐 요즈음에 각기 주인에게서 억지로 떠나는 종이 많도다 내가 어찌 내 떡과 물과 내 양 털 깎는 자를 위하여 잡은 고기를 가져다가 어디서 왔는지도 알지 못하는 자들에게 주겠느냐 한지라 이에 다윗의 소년들이 돌아서 자기 길로 행하여 돌아와 이 모든 말을 그에게 전하매 다윗이 자기 사람들에게 이르되 너희는 각기 칼을 차라 하니 각기 칼을 차매 다윗도 자기 칼을 차고 사백 명 가량은 데리고 올라가고 이백 명은 소유물 곁에 있게 하니라

나발의 어리석음 때문에 다윗은 아주 곤란한 상황에 빠졌습니다. 일단 나발의 행동에 대해 응징하지 않으면 부하들 앞에서 다윗의 리더십은 아주 우스워집니다. 그래서 다윗은 부하 400명을 데리고 나발을 응징하기 위해 떠납니다. 그러나 이것도 다윗에게는 온당한 처사가 아닙니다. 이스라엘의 왕이 될 자가 개인적인 이유로 백성을 도륙하면, 그 순간 그냥 산적 두목이 되고 마는 것입니다. 다윗이 이것을 모를 리 없지만, 선택

의 여지가 없어 부하들을 이끌고 나간 것입니다.

정말 어리석은 사람은 이렇게 리더십으로 하여금 해서는
안 되는 일을 하게 합니다. 넘어서는 안 되는 선을 넘으면 봐주
고 싶고 품어주고 싶어도 그럴 수 없습니다. 결국 리더십 손에
그릇된 피를 묻히게 하는 것이지요. 나발은 이름만큼 고약합
니다. 다윗은 어쩔 수 없이 군사를 이끌고 나가지만, 속으로 많
이 갈등하고 기도했을 것입니다. 이 해서는 안 되는 일을 멈출
수 있게 해달라고…. 그러기에 아비가일이 구해 주는 것 아닐
까요? 그 설레는 이야기는 다음 시간에 하겠습니다.

오늘 산토도밍고를 향해 걸어가면서 아주 불쾌한 일이 있
었습니다. 오르막길을 2킬로미터 이상 걸어 올라가는 아주 지
치고 힘든 구간인데 거기서 일어난 일입니다. 나헤라에서 출발
해 들판을 지나는 길이라 나무 그늘 하나 없는 힘든 길이었습
니다. 게다가 간밤에 내린 폭우로 길 곳곳이 진창이 되어 신발
이 진흙투성이가 되었습니다. 그러다 나타난 오르막 정상에 자
그마한 공원이 하나 있는데, 여기에 어떤 현지 젊은이가 좌판
을 벌여놓고 물과 음료수, 과자, 기념품 등을 팔고 있었습니다.
그런데 영업이 불법이어서 그랬는지 기부(donation)를 받고 있
었습니다. 마침 목도 마르고 허기도 져서 콜라 한 캔과 바나나

한 개를 달라고 하고는 나름 시세에 맞게 돈을 기부했습니다. 그런데 금액이 기대에 못 미쳤던 모양입니다. 사실 그 의도가 좋은 일을 위한 기부가 아니기에 더 많이 주고 싶은 생각은 추호도 없었습니다. 제가 엄청 짠돌이고, 특히 잔돈에 벌벌 떨거든요. 그런데 벤치에 와서 보니 콜라가 진짜 코카콜라가 아니라 스페인에서 똑같이 만든 짝퉁 콜라였습니다. 괘씸했지만 참고 마셨는데 일은 그다음에 일어났습니다. 거기 수도꼭지가 하나 있었는데, 거기서 한 남자 순례자가 진흙 묻은 신을 닦고 있었습니다. 그분이 끝난 다음 저도 아내 것과 제 신발을 물로 닦고 있는데, 그 장사하던 친구가 제게 소리를 지르면서 그 물은 마시는 물이라 신발을 닦으면 안 된다는 것입니다. 그 수도꼭지는 한 번 누르면 몇십 초간 계속 나오는 것이라 어쩔 수 없이 그러고 있는데, 당장 멈추라고 소리를 지르는 것이었습니다. 누가 봐도 콜라값 기부를 적게 한 것에 대한 복수였습니다. 그곳 어디에도 그 수돗물이 마시는 용도라는 표시가 없었고, 또 한 번 누르면 계속 나와 흘러버리게 되는데 신을 닦으면 안 된다니 말이 안 되는 것입니다. 더구나 아무리 봐도 그 친구는 공원 관리자가 아닌 길목에서 얍삽하게 장사하는 사람이었거든요. 너무 화가 나서 소리 지르며 싸우려고 했는데(제가 열 받으면 영어가 잘되거든요), 정말 정의가 무엇인지 제대로 보여주려고 했는데, 그 순간 제가 순례자로서 그곳에 왔다는 것을 깨달았습니다. 결국 아무 말 안 하고 그냥 계속 걸었습니다. 그 대신 아내에게 씩씩거리며 쏟아냈지요.

순례자는 자기가 누구인지 항상 기억하고, 그 순례의 걸음에 우선순위를 두어야 합니다. 어떤 이유도 순례의 걸음을 멈추게 해서는 안 됩니다. 그것이 정의구현이라 해도.

Day 10
순례자는 중보자

사무엘상 25장 14-23절

하인들 가운데 하나가 나발의 아내 아비가일에게 말하여 이르되 다윗이 우리 주인에게 문안하러 광야에서 전령들을 보냈거늘 주인이 그들을 모욕하였나이다 우리가 들에 있어 그들과 상종할 동안에 그 사람들이 우리를 매우 선대하였으므로 우리가 다치거나 잃은 것이 없었으니 우리가 양을 지키는 동안에 그들이 우리와 함께 있어 밤낮 우리에게 담이 되었음이라 그런즉 이제 당신은 어떻게 할지를 알아 생각하실지니 이는 다윗이 우리 주인과 주인의 온 집을 해하기로 결정하였음이니이다 주인은 불량한 사람이라 더불어 말할 수 없나이다 하는지라 아비가일이 급히 떡 이백 덩이와 포도주 두 가죽 부대와 잡아서 요리한 양 다섯 마리와 볶은 곡식 다섯 스아와 건포도 백 송이와 무화과 뭉치 이백 개를 가져다가 나귀들에게 싣고 소년들에게 이르되 나를 앞서 가라 나는 너희 뒤에 가리라 하고 그의 남편 나발에게는 말하지 아니하니라 아비가일이 나귀를 타고 산 호

첫한 곳을 따라 내려가더니 다윗과 그의 사람들이 자기에게로 마주 내려오는 것을 만나니라 다윗이 이미 말하기를 내가 이 자의 소유물을 광야에서 지켜 그 모든 것을 하나도 손실이 없게 한 것이 진실로 허사라 그가 악으로 나의 선을 갚는도다 내가 그에게 속한 모든 남자 가운데 한 사람이라도 아침까지 남겨 두면 하나님은 다윗에게 벌을 내리시고 또 내리시기를 원하노라 하였더라 아비가일이 다윗을 보고 급히 나귀에서 내려 다윗 앞에 엎드려 그의 얼굴을 땅에 대니라

　　본문에서 우리는 아비가일을 묵상할 수밖에 없습니다. 성경이 아비가일의 이야기를 강조하면서 들려주고 있기 때문입니다. 아비가일 같아야 한다고 말입니다. 그러면 본문이 강조하고 있는 신앙인으로서 아비가일의 아름다운 모습은 무엇일까요? 바로 중보자의 모습입니다.

　　남편 나발의 어리석음 때문에, 다윗이 해서는 안 되지만 어쩔 수 없이 나발을 도륙하러 오고 있는 일촉즉발의 상황에서, 아비가일은 그 이야기를 듣자마자 즉시 행동으로 옮깁니다. 충돌의 한복판으로 달려가 온몸으로 막아서는 모습은 전형적인 중보자의 모습입니다. 특히 아비가일에게는 중보자의 가장 중요한 요소인 판단과 결단이라는 두 가지가 잘 나타납니다. 상

황을 듣자마자 막아야 한다 판단하고, 주저하지 않고 결단해 행동으로 옮깁니다. 아비가일은 정말 지혜롭고 아름다운 여인입니다. 이런 여인이 어쩌다가 나발 같은 사람과 결혼했는지 궁금할 만큼 남편과는 대조적입니다.

아마 성경은 두 사람을 대조하면서 우리에게 메시지를 주려는 것 같습니다. 아비가일의 모습에서 참 귀한 것은 중보자로서의 자세입니다. 죄가 원하는 흐름을 온몸으로 막아서는 중보자 말입니다.

순례하면서 많은 사람을 만나지만, 그들에게 복음을 전하고 전도하는 것은 쉽지 않습니다. 언어도 다르고 관계도 형성되지 못해 그렇습니다. 그래도 계속 전도 메시지를 선포할 수는 있지만, 그것이 제대로 받아들여지지 않기에 남발할 수는 없습니다. 그래서 저는 가능하면 만나는 사람들에게 제가 목사임을 말하고, 산티아고 순례길과 연관된 우리 가정의 짧은 간증을 이야기합니다. 그들이 스스로 생각하기를 바라면서 말입니다.

이렇게 전도는 쉽지 않지만, 중보기도는 얼마든지 할 수 있습니다. 그들의 이야기를 듣고 잊어버리지 않도록 걸으면서 바로 중보기도를 하면, 주님께서 정말 놀랍게 응답하십니다.

며칠 전에 걷다가 한 한국 자매가 혼자 앉아 있는 것을 보았습니다. 셀카만 찍고 있는 자매가 너무 외로워 보여 사진을 찍어 주겠다고 하며 아내가 접근했습니다. 그러면서 잠깐 인사를 나누니 전주에서 온 자매였습니다. 쉰이 다 된 나이에 혼자 살고 있었습니다. 직장생활을 하면서 휴가 때마다 여기저기 여행하는 것이 취미인 욜로족이었습니다. 산티아고도 여행차 와서 두 주 정도만 걷는다고 합니다. 그런데 어딘가 외롭고 안쓰러워 보였습니다. 좀 더 교제하고 싶은데 헤어지게 되니 이야기를 할 수 없었습니다. 그런데 다음 날 그 자매를 길에서 또 만났습니다. 반가워서 인사하는데 아내는 감격까지 하지 뭡니까. 왜 그런가 했더니, 자기가 오늘 아침 걸으면서 기도하는데 그 자매 생각이 나서 나름 열심히 중보했더니 이렇게 교제하라며 또 만나게 하셨다고….

자매와 좀 더 교제하면서, 순례 끝나고 전주에서 한번 만나기로 했습니다. 그때는 복음을 전해야지요. 순례의 길을 걷는 것이 좋은 것은 중보기도를 많이 할 수 있기 때문입니다. 생각나면 바로 기도할 수 있어서 너무 좋습니다. 순례자는 중보자입니다.

Day 11
순례자를 지키시는 하나님

신명기 8장 4절
이 사십 년 동안에 네 의복이 해어지지 아니하였고 네 발이 부르트지 아니하였느니라

본문 말씀은 문자 그대로 해석하기도 하지만, 상징적인 의미로 해석할 수도 있습니다. 하나님의 역사로 40년 동안 의복이 해어지지 않고 발이 한 번도 부르트지 않았다고 볼 수도 있으나, 그것보다는 40년의 광야 길을 걷는 동안 하나님이 구체적으로 인도하고 보호하셨다는 의미로 이 말씀을 보아야 합니다.

순례자의 삶은 하나님이 인도하시고, 하나님이 공급하시

고, 하나님이 지켜주십니다. 하나님이 그렇게 은혜를 주시지 않으면 순례자는 다른 대책이 없기 때문입니다. 많은 사람이 살면서 하나님의 구체적인 인도와 공급과 보호하심을 경험하지 못하는 것은 스스로 대책을 가지고 자기 방법을 사용하기 때문입니다. 그래서 하나님이 역사하시는 영적 임계점까지 다다르지 못하기 때문입니다.

이번이 순례 기간 동안 정말 뼈저리게 느낀 것은 제 무력함입니다. 이 엄청난 길이의 순례길 앞에서 제 걸음은 정말 미약합니다. 그리고 날씨나 건강, 여러 가지 상황적 변수 앞에서 제가 할 수 있는 것은 아무것도 없습니다. 그러니까 하나님을 의지하며 역사하심의 임계점까지 갈 수밖에요.

이번 순례에서는 날씨를 통해 그런 하나님의 은혜를 다시 한번 경험했습니다. 일기예보는 계속 비가 올거라 하고 저녁에는 그야말로 폭우가 쏟아지는데, 새벽 2시에 일어나(시차 때문이기도 하지만 걱정 때문이기도 합니다) 정말 답답한 마음으로 기도했습니다. 비가 오면 이 길을 어떻게 걸어야 하나? 판초 우의를 가져왔지만, 그것을 뒤집어쓰고 걷는 것은 정말 힘들 텐데…. 영어 조크 표현대로 종이로 만들어진 아내는 비가 오면 아예 밖에 나가지 않는 사람인데, 이렇게 비가 오는데 과연 걸을 수 있을까? 정말 하나님밖에 의지할 데가 없어서 간절히 기도했는데, 새벽 6시에 일어나 보니 일기예보가 달라져 있었습니다. 분명 2시까지만 해도 오전 중에 계속 비가 올 거라고 했는데, 어느새 오전 중에는 구름만 끼고 오후 2시 이후에 비가 온다는 예보로 바뀌어 있었습니다. 정말 놀랍고 감사한 마음으로 걷기 시작했는데, 구름이 많이 끼었지만 오히려 덥지 않아 좋았고, 오후에는 해까지 나와 너무 뜨거웠습니다. '기도를 너무 심하게 했나?' 하는 생각이 살짝 들었습니다.

알베르게(순례자 숙소)에 도착해 막 체크인을 했는데, 그때부터 비가 또 오기 시작했습니다. 비슷한 일이 며칠 동안 반복되는 것을 보면서, 이것이 순례자의 발걸음을 인도하시는 하나님의 역사임을 의심 없이 믿게 되었습니다. 그렇습니다. 우리가 순례자라면, 순례의 길을 걷는 동안 의복이 해어지지 않고 발이 부르트지 않을 것입니다.

선한 영향력을 미치는 삶

지난 주간 걸은 순례길은 나바라 주의 서쪽 끝을 벗어나 라 리오하 주를 통과해 가장 긴 구간인 카스티야 이 레온 주에 있는 구간이었습니다. 첫 주의 피레네산맥 지형과 다르게 작은 산들이 있고, 숨이 막힐 정도로 아름답고 기름진 평온한 들판 사이에 이어진 길들이 구릉을 따라 오르막과 내리막을 이루며 계속 이어지고 있었습니다. 그런데 높은 산에 비하면 그야말로 평탄한 길인 이 작은 언덕도 힘들기는 똑같으니 걷는다는 것 자체가, 산다는 것 자체가 힘이 드는 것 같습니다.

이번에 나누고 싶은 이야기는 순례자들이 서로 미치는 영향력입니다. 여기 산티아고를 걷는 순례자들은 서로 아무 상관 없이 그저 자기의 길을 걷고 있는 것처럼 보입니다. 그런데 사실은 서로 아주 깊은 영향을 미치고 있습니다. 그 사실을 새삼 깨닫는 일이 있었습니다.

한번은 백인 여성이 지나가면서 아내에게 아름다운 노래가 좋았다며 인사했습니다. 무슨 말인가 싶어 들어 보니, 아내는 종종 앞뒤에 사람이 없을 때 찬양하면서 걸었는데, 그것을 캐런이라는 이 미국 여성이 듣고 무척이나 좋았나 봅니다. 목소리가 아름다워 들으면서 행복했다고 합니다. 제가 그 이야기를 들으면서 놀란 것은 아내의 목소리가 아름답다는 것이 아니라(예의상 그렇게 말했다는 것쯤은 알 만큼 나이를 먹었으니까요), 혼자 부르는 노래를 주변에서 듣는다는 사실이었습니다.

그러고 보니 정말 그렇습니다. 각자 자기 길을 걷는 것 같지만, 서로서로 아주 깊은 영향을 주고 있었습니다. 한번은 우리도 캐나다에서 온 83세 할머니에게 얼마나 도전을 받았는지 모릅니다. 아내는 특히나 도전받은 것 같습니다. 83세도 걷는데. 아무리 힘들어도 그분을 보면 힘들다는 소리를 못하는 것이지요. 그런데 신기한 것은 그분이 아내가 힘들다고 할 때마다 나타난다는 것입니다. 한참 뒤에 계실 줄 알았는데 쉬지 않고 걸어 어느새 옆에서 걷고 계신 것을 보면서, 저분을 한국 건전지 회사에 광고모델로 추천해야겠다고 생각했습니다(지치지 않는 에너지). 한쪽 무릎이 많이 아픈데도 계속 걷는 한 백인 노인에게서는 이 순례의 길이 삶을 걸고 걸어야 할 정말 진지한 것임을 확인받기도 했습니다. 또 어린 두 아들을 데리고 온 호주의 젊은 부부는 우리를 비롯해 지나가는 모든 순례자에게 가족의 소중함과 함께 소망을 주었습니다. 특히 그 부부가 허리에 차고서 끄는 바퀴 달린 작은 카트와 엄마의 배낭 위에 가끔 올라타 있는 작은아들의 모습은 우리를 행복하게 했습니다. (그런데 꼬마는 왜 아빠 카트가 아닌 엄마 카트에 댔을까요?)

무엇보다 순례자들은 존재 자체가 서로에게 힘이 됩니다. 아무리 힘든 길이어도 나처럼 이 길을 걷고 있는 다른 순례자를 보면 위로가 되고 격려가 됩니다. 결국 선한 영향력을 미치는 삶, 그것이 아름다운 순례자의 삶입니다. 혼자 걷고 있는 것 같지만, 그 모습이 다른 누군가에게 도전과 격려, 위로와 감동을 줍니다.

마지막으로, 제 아내를 산티아고 순례길의 찬양사역자로 단독 파송하는 것을 진지하게 검토하고 있음을 말씀드립니다. 반드시 단독으로!

순례의 길에서 선한 영향력을 생각하며
유진소 목사 드림

Buen Camino!

|

3장

순종, 하나님의 인도하심

|

Day 12
지혜로운 말과 행동

🔖 사무엘상 25장 24-31절

그가 다윗의 발에 엎드려 이르되 내 주여 원하건대 이 죄악
을 나 곧 내게로 돌리시고 여종에게 주의 귀에 말하게 하시고
이 여종의 말을 들으소서 원하옵나니 내 주는 이 불량한 사람
나발을 개의치 마옵소서 그의 이름이 그에게 적당하니 그의 이
름이 나발이라 그는 미련한 자니이다 여종은 내 주께서 보내신
소년들을 보지 못하였나이다 내 주여 여호와께서 살아 계심을
두고 맹세하노니 내 주도 살아 계시거니와 내 주의 손으로 피를
흘려 친히 보복하시는 일을 여호와께서 막으셨으니 내 주의 원
수들과 내 주를 해하려 하는 자들은 나발과 같이 되기를 원하
이다 여종이 내 주께 가져온 이 예물을 내 주를 따르는 이 소년
들에게 주게 하시고 주의 여종의 허물을 용서하여 주옵소서 여
호와께서 반드시 내 주를 위하여 든든한 집을 세우시리니 이는
내 주께서 여호와의 싸움을 싸우심이요 내 주의 일생에 내 주에
게서 악한 일을 찾을 수 없음이니이다 사람이 일어나서 내 주
를 쫓아 내 주의 생명을 찾을지라도 내 주의 생명은 내 주의 하

나님 여호와와 함께 생명 싸개 속에 싸였을 것이요 내 주의 원수들의 생명은 물매로 던지듯 여호와께서 그것을 던지시리이다 여호와께서 내 주에 대하여 하신 말씀대로 모든 선을 내 주에게 행하사 내 주를 이스라엘의 지도자로 세우실 때에 내 주께서 무죄한 피를 흘리셨다든지 내 주께서 친히 보복하셨다든지 함으로 말미암아 슬퍼하실 것도 없고 내 주의 마음에 걸리는 것도 없으시리니 다만 여호와께서 내 주를 후대하실 때에 원하건대 내 주의 여종을 생각하소서 하니라

본문의 아비가일을 보면서 가장 먼저 드는 생각은 정말 말을 잘한다는 것입니다. 어쩌면 이렇게 말을 지혜롭게 할까요? 나발이 어리석은 것은 무엇보다도 말을 함부로 하는 것입니다. 비유를 들어도 "요즈음에 각기 주인에게서 억지로 떠나는 종이 많도다"(25:10)라고 하면서, 다윗의 상처에 소금을 뿌리며 짓밟는 식으로 말합니다. 그냥 점잖게 거절해도 될 것을 말로 상대를 비참하게 하고 분노하게 만드는 것이 정말 어리석기 그지없습니다.

그러나 아비가일은 지혜롭게 다윗을 최대한 존중하면서 말합니다. 다윗이 지금 하려는 것은 잘못된 것이라고 만류하지만 절대 판단하는 말이나 정죄하는 말이 아니라, 오히려 그

를 세워주는 말을 합니다. 저도 아비가일처럼 지혜롭게 말해야 한다는 강력한 감동을 성령께서 주셨습니다.

사실 저는 말을 좀 잘하는 편이라고 생각했는데, 성령님이 아니라고 하십니다. 너는 오히려 나발에 가깝다고 말씀하시면서 저를 책망하셨습니다. 아비가일 말의 특징은 죄의 세력이 힘을 쓰지 못하게 합니다. 본문을 보면 싸움을 잠재우고, 복수하지 않게 하며, 그래서 죄가 원하는 결과로 가지 않게 말합니다. 말은 그렇게 해야 합니다. 하나님의 사람은 반드시 그렇게 말해야 합니다.

그렇게 말려면 두 가지 입장에 서야 합니다. 아비가일은 그것을 아주 잘 보여줍니다. 하나는 하나님의 입장입니다. 그에게 말하되 자기 입장이 아닌 하나님의 입장에서 말하는 것입니다. 많은 사람이 그렇듯 하나님을 끌고 와 자기 입장을 강변하는 것이 아니라, 진짜로 하나님 입장에 서야 합니다. 또 하나는 상대방의 입장에 서야 합니다. 자기 입장이 아니라 바로 그의 입장에 서서 말하는 것입니다. 정말 쉽지 않지만 그것이 지혜롭게 말하는 또 하나의 특징입니다. 그런데 상대방의 입장에 서는 것은 하나님의 입장에 서야만 가능합니다.

본문에서 아비가일은 어떻게 다윗에 대해 그렇게 잘 알고 있을까요? 그가 들어야 하고 듣고 싶어하는 이야기를 어떻게 정확하게 알 수 있었을까요? 나중에 다윗이 아비가일의 남편이 되지만, 미리 알고 다윗을 연구했다면 이 이야기는 다분히 불륜적인 색채를 띨 수밖에 없습니다. 결국 아비가일은 달려오면서 기도했을 것이고, 성령께서 기도 가운데 할 말을 알게 하신 것이지요. 성경 말씀에 나오는 대로 성령님은 할 말을 우리 속에 넣어주시고, 우리 가운데 친히 말씀하시는 분이니까요. 정말 아비가일은 나발과 대조적으로 지혜롭고 아름답게 말하는 사람입니다.

하나님은 우리의 말도 이래야 한다고 말씀하시며 본문을 주셨습니다. 순례길을 걸은 지 12일째입니다. 부르고스에서 오르니요스까지 걷는 결코 쉽지 않은 길이었습니다. 특히 부르고스 시내를 벗어나면서 한참 동안 마을이 나오지 않았고, 주일이어서 대부분 문을 열지 않아 10킬로미터 이상을 걷고야 겨우 쉬면서 아침을 먹을 수 있는 길이었는데, 오늘 가장 쉽게 걸었습니다. 이유가 무엇일까요? 바로 아내와 걸으며 나눈 대화가 좋았기 때문입니다. 제가 주일마다 설교한 것이 도움이 되었는지, 오늘은 제 입에서 그래도 아비가일과 비슷한 말이 나와 오늘 길이 쉬웠던 것입니다. 순례의 길을 걷는 삶은 결국 함께 걷는 사람들과 나누는 대화에 따라 길이 결정된다는 귀한 깨달음을 얻었습니다.

Day 13
순례의 영성

사무엘상 25장 32-44절

다윗이 아비가일에게 이르되 오늘 너를 보내어 나를 영접하게 하신 이스라엘의 하나님 여호와를 찬송할지로다 또 네 지혜를 칭찬할지며 또 네게 복이 있을지로다 오늘 내가 피를 흘릴 것과 친히 복수하는 것을 네가 막았느니라 나를 막아 너를 해하지 않게 하신 이스라엘의 하나님 여호와의 살아 계심을 두고 맹세하노니 네가 급히 와서 나를 영접하지 아니하였더면 밝는 아침에는 과연 나발에게 한 남자도 남겨 두지 아니하였으리라 하니라 다윗이 그가 가져온 것을 그의 손에서 받고 그에게 이르되 네 집으로 평안히 올라가라 내가 네 말을 듣고 네 청을 허락하노라 아비가일이 나발에게로 돌아오니 그가 왕의 잔치와 같은 잔치를 그의 집에 배설하고 크게 취하여 마음에 기뻐하므로 아비가일이 밝는 아침까지는 아무 말도 하지 아니하다가 아침에 나발이 포도주에서 깬 후에 그의 아내가 그에게 이 일을 말하매 그가 낙담하여 몸이 돌과 같이 되었더니 한 열흘 후에 여호와께서 나발을 치시매 그가 죽으니라 나발이 죽었다 함을 다윗이 듣고 이르되 나발에게 당한 나의 모욕을 갚아 주사 종으로 악한 일을 하지 않게 하신 여호와를 찬송할지로다 여호와께서 나발의 악행을 그의 머리에 돌리셨도다 하니라 다윗이 아비가일을 자기 아내로 삼으려고 사람을 보내어 그에게 말하게 하매 다윗의 전령들이 갈멜에 가서 아비가일에게 이르러 그에게 말하여 이르되 다윗이 당신을 아내로 삼고자 하여 우리를 당신께 보내더이다 하니 아비가일이 일어나 몸을 굽혀 얼굴을 땅에 대고 이르되 내 주의 여종은 내 주의 전령들의 발 씻길 종이니이다 하고 아비가일이 급히 일어나서 나귀를 타고 그를 뒤따르는 처녀 다섯과 함께 다윗의 전령들을 따라가서 다윗의 아내가 되니라 다윗이 또 이스르엘 아히노암을 아내로 맞았더니 그들 두 사람이 그의 아내가 되니라 사울이 그의 딸 다윗의 아내 미갈을 갈림에 사는 라이스의 아들 발디에게 주었더라

본문을 읽고 묵상하면서 계속 마음에 걸리는 것이 있었습니다. 설교를 준비하려고 말씀을 묵상할 때도 그런 경험을 많이 했지만, 이렇게 이해되지 않고 오히려 시험에 들게 하는 것이 묵상의 핵심 포인트인 경우가 많습니다. 성령께서 이렇게 제 안에 의문과 갈등을 불러일으키면서 준비하신 핵심 메시지를 받게 하시는 것이지요.

본문이 저를 힘들게 한 것은, 나발이 죽자마자 다윗이 아비

가일을 아내로 삼았다는 것입니다. 이런 다윗의 요청을 받고 아비가일도 기다렸다는 듯 다윗에게로 갑니다. 제가 유교적인 배경을 가지고 있어서 이스라엘 문화를 이해하지 못해 그런 것이라 생각해 보기도 하고, 성경이 시간의 흐름을 언급하지 않았을 뿐 나발이 죽은 직후가 아니라 충분히 시간이 지난 다음일 거라고 억지로 해석해 보기도 했습니다. 그런데 분명 성경은 그런 것에 관심 없이 두 남녀가 기다렸다는 듯 결혼하는 것으로 말하고 있어 정말 시험에 듭니다.

그래서 늘 그렇듯 본문을 읽고 또 읽었습니다. 그러다 보니 새삼 눈에 들어오는 말씀이 있었습니다. "너를 보내어 나를 영접하게 하신 이스라엘의 하나님 여호와를 찬송할지로다"(32절). 성령께서 주신 감동은, 다윗이 아비가일을 보고 개인적인 매력을 느껴 원한 것이 아니라 바로 하나님이 자신을 위하여 준비해 주신 축복의 역사인 것을 알았던 것입니다. 그래서 더 담대하게 아내로 데려온 것이고, 아비가일도 동일한 감동 아래 있었기에 즉각적으로 순종했을 것입니다. 인간적인 욕망 때문에 그런 것이라면, 다윗의 성향상 그렇게 아비가일을 아내로 데려오지 못했을 것이고, 아비가일도 기다렸다는 듯 다윗에게 가는 어리석은 일은 하지 않았을 것입니다.

하나님이 주신 복, 하나님이 주신 사명, 하나님의 역사하심, 그것을 보았기에 오해의 소지가 있어도 다윗은 아비가일과 결혼한 것입니다. 실제로 다윗은 아비가일과 결혼하면서 갈멜 지역의 세력을 얻습니다. 갈멜은 바로 헤브론 근처에 있는 갈렙의 땅이고, 유다 지파의 아주 중요한 지역입니다. 다윗이 이스라엘의 왕이 되는 과정에서 유다 지파는 아주 중요한 디딤돌이 되었지요.

산티아고 순례의 길을 가면서 제게 있는 고민 아닌 고민은 여기가 무척이나 아름답고 좋다는 것입니다. 물론 매일 걷는 것이 힘들고, 더위와 추위 그리고 오르막과 내리막길에 많이 힘들고 고생도 되지만, 감탄이 절로 나올 만큼 자연과 풍광이 아름답습니다. 마을로 들어서면 마치 중세 시대로 들어온 것처럼 멋스럽고, 알베르게라는 숙소는 어떤 곳은 불편하기도 하지만 또 어떤 곳은 앤틱 별장에 온 것같이 근사합니다. 아침에 먹는 빵과 카페 콘 라체 한 잔은 그 맛이 기가 막혀서 행복하기도 합니다. 이런 복을 누리면서 성도들께 미안하고 죄송해서 마음이 자꾸 불편해질 때마다, 신혼여행으로 온양 온천 이화장 여관에서 하룻밤 잔 것에 대한 하나님의 보상이라고 생각했습니다. 그래도 미안하고 불편한 마음은 가시지 않았습니다. 그런데 오늘 말씀을 묵상하면서 그 마음을 내려놓습니다. 이것이 하나님이 준비하신 복임을 깨달았기 때문입니다.

순례의 길 가운데 누리는 이 아름다움과 행복이 순례자를 위해 준비한 하나님의 복인 것을 알기에, 그것을 감사하게 누리는 것이 바로 순례길을 걷는 것이라 생각합니다. 그러면서 "나는 비천에 처할 줄도 알고 풍부에 처할 줄도 알아 모든 일 곧 배부름과 배고픔과 풍부와 궁핍에도 처할 줄 아는 일체의 비결을 배웠노라"(빌 4:12)는 바울의 고백이 바로 순례자의 영성임을 깨달았습니다. 죽을 것같이 힘들어도 걸어야 하는 것이 순례의 길이라면, 이렇게 눈물 나게 아름다운 환경 가운데서 행복한 순간을 누리는 것도 순례의 길이지요. 순례는 고행이 아니니까요. 신앙의 삶은 고행의 길을 걷는 것이 아니니까요. 오히려 하나님은 힘든 시간을 이기고 아름답고 행복하게 살기를 원하십니다. 하나님이 나를 위해 준비하신 복을 잘 받고 누리는 것이 하나님을 기쁘시게 하는 순례의 영성입니다.

Day 14
순례자에게 주시는 메시지

사무엘상 26장 1-12절

십 사람이 기브아에 와서 사울에게 말하여 이르되 다윗이 광야 앞 하길라 산에 숨지 아니하였나이까 하매 사울이 일어나 십 광야에서 다윗을 찾으려고 이스라엘에서 택한 사람 삼천 명과 함께 십 광야로 내려가서 사울이 광야 앞 하길라 산 길 가에 진 치니라 다윗이 광야에 있더니 사울이 자기를 따라 광야로 들어옴을 알고 이에 다윗이 정탐꾼을 보내어 사울이 과연 이른 줄 알고 다윗이 일어나 사울이 진 친 곳에 이르러 사울과 넬의 아들 군사령관 아브넬이 머무는 곳을 본즉 사울이 진영 가운데에 누웠고 백성은 그를 둘러 진 쳤더라 이에 다윗이 헷 사람 아히멜렉과 스루야의 아들 요압의 아우 아비새에게 물어 이르되 누가 나와 더불어 진영에 내려가서 사울에게 이르겠느냐 하니 아비새가 이르되 내가 함께 가겠나이다 다윗과 아비새가 밤에 그 백성에게 나아가 본즉 사울이 진영 가운데 누워 자고 창은 머리 곁 땅에 꽂혀 있고 아브넬과 백성들은 그를 둘러 누웠는지라 아비새가 다윗에게 이르되 하나님이 오늘 당신의 원수를 당신의 손에 넘기셨나이다 그러므로 청하오니 내가 창으로 그를 찔러서 단번에 땅에 꽂게 하소서 내가 그를 두 번 찌를 것이 없으리이다 하니 다윗이 아비새에게 이르되 죽이지 말라 누구든지 손을 들어 여호와의 기름 부음 받은 자를 치면 죄가 없겠느냐 하고 다윗이 또 이르되 여호와께서 살아 계심을 두고 맹세하노니 여호와께서 그를 치시리니 혹은 죽을 날이 이르거나 또는 전장에 나가서 망하리라 내가 손을 들어 여호와의 기름 부음 받은 자를 치는 것을 여호와께서 금하시나니 너는 그의 머리 곁에 있는 창과 물병만 가지고 가자 하고 다윗이 사울의 머리 곁에서 창과 물병을 가지고 떠나가되 아무도 보거나 눈치 채지 못하고 깨어 있는 사람도 없었으니 이는 여호와께서 그들을 깊이 잠들게 하셨으므로 그들이 다 잠들어 있었기 때문이었더라

본문은 사무엘상 24장의 엔게디에서 있었던 일과 비슷합니다. 그러나 분명히 다른 점이 있습니다. 그것이 바로 본문을 주신 이유입니다. 본문에서 다윗은 자고 있는 사울의 진영으로 직접 갑니다. 24장은 다윗이 숨어 있는데 사울이 하필이면 뒤를 보러 거기 온 것이지만, 본문은 다윗이 일부러 부하를 데리고 밤에 사울의 진영으로 간 것입니다. 24장의 경우 다윗은 유혹에 넘어가 사울의 겉옷을 베다가 마음에 찔려 멈추지만, 본

문에서 다윗은 전혀 흔들리지 않습니다. 아비새의 말을 아주 단호하게 거절하며, 여호와께서 기름 부은 왕에게 손대서는 안 된다고 말합니다. 그리고 본문에는 없지만, 사울의 생사는 하나님 손에 달린 것이지 자신에게 있지 않음을 분명히 합니다. 결국 본문에서 다윗의 행동은 메시지를 주기 위함입니다. 24장이 살기 위해 도망하는 상황이었다면, 본문은 여유 있고 자신감이 있습니다. 그런 가운데 중요한 메시지를 만들려고 다윗이 일부러 이런 일을 벌인 것입니다.

우선 사울에게 주는 메시지입니다. 24장에서 말한 자신의 진심을 담은 메시지뿐 아니라, 이미 자기는 사울의 손에서 벗어나 있다고, 힘이 있다고 확실하게 말하는 것입니다. 그리고 자기 부하들에게 메시지를 주기 위함입니다. 24장에서 보여준 것처럼, 하나님이 기름 부으신 왕에게 손대서는 안 된다는 것을 확실히 말해 줍니다. 또 권위 있는 존재에 대해서는 하나님께 맡기고 사람이 함부로 손대서는 안 된다는 확실한 메시지를 주기 위함입니다. 생존에 급급해서는 메시지를 만들 수 없습니다. 삶에 진정한 여유가 있을 때 메시지를 만들 수 있고, 그 메시지는 바로 삶을 아름답게 합니다.

순례의 길을 걷는 것은 메시지를 주기 위함입니다. 생존을 위해서도 아니고 쾌락을 위한 것도 아닙니다. 삶의 메시지, 신앙의 메시지를 깨닫고 자신과 주변에 그 메시지를 주기 위해 순례의 길을 걷는 것입니다. 그래서 매일 순례의 길을 걸으며 생각나는 많은 메시지를 아내와 나누었습니다. 그런데 성격상 그때마다 적거나 녹음하지 못해 잊어버려서 안타깝습니다. 성령님께 무척 죄송할 뿐입니다.

14일 차 순례의 길을 걸으면서 아주 강력하게 다가온 메시지가 있었습니다. '하나님이 얼마나 세밀하고 신실하게 우리 간구에 응답하시는가?' 하는 것이었습니다. 오늘도 길을 걷는데 한 백인 남성이 우리 옆을 지나가면서 "부엔 까미노!" 하기에 늘 하던 대로 어디서 왔냐고 물으니 미국에서 왔다고 합니다. 미국 어느 지역에서 왔는지 물으니까 미시간 그랜드래피즈에서 왔다는 것입니다. 너무 반가워 내가 미국에 있을 때 CRC(미국의 개혁교회) 목사여서 그랜드래피즈에서 공부한 적이 있다고 했더니, 그분이 자기도 CRC 목사라며 거기 있는 교회에서 목회하고 있다고 했습니다. 그렇게 본격적으로 이야기를 나누며 걷다 보니 아는 사람도 있고 연결되는 것도 많았습니다.

그 목사님도 안식년 중에 온 것인데, 릴리 재단(Lilly Foundation)의 지원을 받아 안식년을 보내고 있다는 이야기를 들으며, 저는 이것이 메시지라는 생각이 들었습니다. 순간 아내와 저는 눈빛을 주고받으며 동일한 메시지를 받았습니다. 우리 하나님이 얼마나 신실하고 세밀하게 응답하시고 우리를 인도하시는지 새삼 깨달았습니다.

2016년 미국 ANC온누리교회에서 안식년을 보내려고 할 때 릴리 재단에서 제게 4만 7천 불을 주었습니다. 그때 여기 산티아고 순례길을 오려고 했는데, 하나님이 한국의 호산나교회로 부르셔서 그것을 반납했습니다. 그런데 7년이 지나고 지금 아내와 이 길을 걸으면서 CRC 목사님을 만나니, 그때 왜 막으셨는지 정리가 되고 깨달음이 있었습니다.

사실 그때 산티아고 순례길을 아내와 오려고 했던 것은 약속을 지키기 위함이었습니다. 어떤 약속인가 하면, 4년 전인 2012년에 아들과의 관계 회복을 위해 아들과 둘만 이 산티아고 순례길을 걸었는데, 다음에는 아내와 둘이 걷겠다고 아내에게 약속했습니다. 그런데 지금 보니 그때는 때가 아니었습니다. 나중에 알게 되었지만, 우선 그때는 아내의 건강이 걸을 수 있는 상황이 아니었습니다. 먼저 아들과 걸으면서, 걷는 저와 중보하던 아내가 그렇게 간절히 구하던 것이 그때는 이루어지지 않았기에, 우리가 순례의 길을 걸을 이유가 명확하지 않았습니다. 그런데 지금은 그때의 간구가 모두 응답되어, 아들이 호산나교회에서 교사로 섬기고 가정도 꾸려 손자 라함이까지 얻었습니다. 자녀들의 응원을 받으면서 이 순례길을 걷다니, 11년 전의 그 간구에 하나님은 정확하고 넘치게 응답하셨습니다. 이런 일들이 정리가 되고 깨달아지자, 우리는 하나님이 얼마나 좋으시고 신실하시고 세밀하신지를 확실히 알게 되고 메시지로도 받았습니다. 순례의 길은 메시지를 얻기 위해 걷는 것입니다. 순례자의 삶은 메시지로 사는 것입니다.

Day 15
치유와 회복의 산티아고 순례길

사무엘상 26장 13-25절

이에 다윗이 건너편으로 가서 멀리 산 꼭대기에 서니 거리
가 멀더라 다윗이 백성과 넬의 아들 아브넬을 대하여 외쳐 이
르되 아브넬아 너는 대답하지 아니하느냐 하니 아브넬이 대답
하여 이르되 왕을 부르는 너는 누구냐 하더라 다윗이 아브넬에
게 이르되 네가 용사가 아니냐 이스라엘 가운데에 너 같은 자가
누구냐 그러한데 네가 어찌하여 네 주 왕을 보호하지 아니하느
냐 백성 가운데 한 사람이 네 주 왕을 죽이려고 들어갔었느니라
네가 행한 이 일이 옳지 못하도다 여호와께서 살아 계심을 두고
맹세하노니 여호와의 기름 부음 받은 너희 주를 보호하지 아니
하였으니 너희는 마땅히 죽을 자이니라 이제 왕의 창과 왕의 머
리 곁에 있던 물병이 어디 있나 보라 하니 사울이 다윗의 음성
을 알아 듣고 이르되 내 아들 다윗아 이것이 네 음성이냐 하는
지라 다윗이 이르되 내 주 왕이여 내 음성이니이다 하고 또 이
르되 내 주는 어찌하여 주의 종을 쫓으시나이까 내가 무엇을 하
였으며 내 손에 무슨 악이 있나이까 원하건대 내 주 왕은 이제

종의 말을 들으소서 만일 왕을 충동시켜 나를 해하려 하는 이가 여호와시면 여호와께서는 제물을 받으시기를 원하나이다마는 만일 사람들이면 그들이 여호와 앞에 저주를 받으리니 이는 그들이 이르기를 너는 가서 다른 신들을 섬기라 하고 오늘 나를 쫓아내어 여호와의 기업에 참여하지 못하게 함이니이다 그런즉 청하건대 여호와 앞에서 먼 이 곳에서 이제 나의 피가 땅에 흐르지 말게 하옵소서 이는 산에서 메추라기를 사냥하는 자와 같이 이스라엘 왕이 한 벼룩을 수색하러 나오셨음이니이다 사울이 이르되 내가 범죄하였도다 내 아들 다윗아 돌아오라 네가 오늘 내 생명을 귀하게 여겼은즉 내가 다시는 너를 해하려 하지 아니하리라 내가 어리석은 일을 하였으니 대단히 잘못되었도다 하는지라 다윗이 대답하여 이르되 왕은 창을 보소서 한 소년을 보내어 가져가게 하소서 여호와께서 사람에게 그의 공의와 신실을 따라 갚으시리니 이는 여호와께서 오늘 왕을 내 손에 넘기셨으되 나는 손을 들어 여호와의 기름 부음을 받은 자 치기를 원하지 아니하였음이니이다 오늘 왕의 생명을 내가 중히 여긴 것 같이 내 생명을 여호와께서 중히 여기셔서 모든 환난에서 나를 구하여 내시기를 바라나이다 하니라 사울이 다윗에게 이르되 내 아들 다윗아 네게 복이 있을지로다 네가 큰 일을 행하겠고 반드시 승리를 얻으리라 하니라 다윗은 자기 길로 가고 사울은 자기 곳으로 돌아가니라

본문에서 제게 아주 강하게 다가온 말씀은 21절 "내가 범

죄하였도다 내 아들 다윗아 돌아오라"는 사울의 말이었습니다. 다윗은 사울의 이 말을 들으며 얼마나 눈물이 났을까요? "내가 잘못했다. 미안하다." 대부분의 아들이 아버지에게 이 한 마디를 듣고 싶어할 것입니다. 이 한 마디면 닫힌 마음이 열리고 얼어버린 것이 다 녹습니다. 그러면서 엉키고 엇나간 관계가 회복됩니다. 그래서 사울의 그다음 말이 "내 아들 다윗아 돌아오라"인 것입니다.

참 오래 기다렸습니다. 무척 힘든 시간이었습니다. 몇 번이고 관계를 끊어버리고 싶었지만 그럴 수 없어 정말 고통스러웠습니다. 하나님의 말씀을 붙잡고 견딜 수밖에 없었습니다. 그런데 이렇게 그 입에서 회개의 말을 듣다니, 그러면서 돌아오라는 소리를 듣다니…. 물론 이것으로 완전히 회복되는 것은 아님을 압니다. 바로 돌아갈 수 없음도 압니다. 그러나 회복의 이야기가 시작된 것은 분명합니다. 이 순간까지 기다렸기에, 몇 번이고 포기하려고 했지만 포기하지 않고 버텼기에, 다윗이 광야를 도망 다닌 그 시간이 아름다운 시간이고 소중하고 귀한 시간이 된 것입니다.

순례의 길을 걸으며 가장 많이 경험하는 것이 바로 치유와 회복입니다. 산티아고 순례길에 대한 영화를 보면 대부분이 치유와 회복의 이야기입니다. 독일 코미디언의 이야기를 영화로 만들어 2015년도에 상영된 "나의 산티아고"(I'm off then)에도, 어릴 때 어머니를 잃으면서 하나님과 단절되었던 마음이 회복되는 이야기가 나옵니다. 그래서인지 오늘은 15일째로 프로미스타에서 까리온으로 걸으며, 메세타라는 고원 지역의 들판 사이와 도로를 따라 직선으로 뻗은 길을 걷기에 단조로웠는데, 갑자기 아내에게 잘못한 일들이 떠올랐습니다. '그렇게 두려움 많은 사람이 나를 만나 낯설고 힘든 상황을 맞으면서 얼마나 무섭고 힘들었을까?' 이런 생각이 들자 회개의 영이 차올라, 아내가 알까 봐 일부러 앞서 혼자 걸으며 속으로 참 많이 울었습니다. 왜 그랬는지는 모르겠습니다. 특별한 계기가 있었던 것도 아닌데요.

그런데 확실한 것은 산티아고 순례의 길을 걸으면서 이런 일이 일어난다는 것입니다. 단순히 걸으면서 자기 내면을 하나님 앞에서 보게 되어 그런지, 자기도 모르게 묻어 두었던 갖가지 감정과 깨닫지 못했던 것들이 깨달아지며 때로 분노하고 때로 회개하면서 회복의 역사를 체험하는 것입니다. 그래서 오늘 새삼 알았습니다. 왜 산티아고 순례길이 치유와 회복의 길로 유명한지. 병든 자가 걸으면서 치유되는 역사가 많아서가 아니라, 이 길을 걸으면서 이런 치유와 회복을 경험하기에 그런 것이었습니다.

Day 16
순례길의 불편함

사무엘상 27장 1-12절

　다윗이 그 마음에 생각하기를 내가 후일에는 사울의 손에 붙잡히리니 블레셋 사람들의 땅으로 피하여 들어가는 것이 좋으리로다 사울이 이스라엘 온 영토 내에서 다시 나를 찾다가 단념하리니 내가 그의 손에서 벗어나리라 하고 다윗이 일어나 함께 있는 사람 육백 명과 더불어 가드 왕 마옥의 아들 아기스에게로 건너가니라 다윗과 그의 사람들이 저마다 가족을 거느리고 가드에서 아기스와 동거하였는데 다윗이 그의 두 아내 이스르엘 여자 아히노암과 나발의 아내였던 갈멜 여자 아비가일과 함께 하였더니 다윗이 가드에 도망한 것을 어떤 사람이 사울에게 전하매 사울이 다시는 그를 수색하지 아니하니라 다윗이 아기스에게 이르되 바라건대 내가 당신께 은혜를 입었다면 지방 성읍 가운데 한 곳을 내게 주어 내가 살게 하소서 당신의 종이 어찌 당신과 함께 왕도에 살리이까 하니 아기스가 그 날에 시글락을 그에게 주었으므로 시글락이 오늘까지 유다 왕에게 속하니라 다윗이 블레셋 사람들의 지방에 산 날 수는 일 년 사 개월이었더라 다윗과 그의 사람들이 올라가서 그술 사람과 기르스 사람과 아말렉 사람을 침노하였으니 그들은 옛적부터 술과 애굽 땅으로 지나가는 지방의 주민이라 다윗이 그 땅을 쳐서 남녀를 살려두지 아니하고 양과 소와 나귀와 낙타와 의복을 빼앗아 가지고 돌아와 아기스에게 이르매 아기스가 이르되 너희가 오늘은 누구를 침노하였느냐 하니 다윗이 이르되 유다 네겝과 여라무엘 사람의 네겝과 겐 사람의 네겝이니이다 하였더라 다윗이 그 남녀를 살려서 가드로 데려가지 아니한 것은 그의 생각에 그들이 우리에게 대하여 이르기를 다윗이 행한 일이 이러하니라 하여 블레셋 사람들의 지방에 거주하는 동안에 이같이 행하는 습관이 있었다 할까 두려워함이었더라 아기스가 다윗을 믿고 말하기를 다윗이 자기 백성 이스라엘에게 심히 미움을 받게 되었으니 그는 영원히 내 부하가 되리라고 생각하니라

99

다윗이 다시 가드 왕 아기스에게 갔습니다. 그런데 말씀을 묵상하면서 '왜 그랬나? 꼭 그래야 했나?' 하는 생각이 들었습니다. 물론 아기스에게 간 결과 그곳에서 힘을 키워 사울이 죽은 후 유다로 돌아와 왕이 되는 과정을 걷습니다. 그러나 오늘 말씀에도 나오듯 그 과정이 얼마나 힘들었습니까? 누가 봐도 다윗은 이스라엘의 왕 되기를 포기한 것 같습니다. 실제로 다윗이 왕이 되는 과정에서 가장 큰 위기가 바로 여기서 있었습

니다. 왜 그랬을까요? 표면적으로 내세운 이유는 사울의 추적을 피해서였고 실제로 그런 효과가 있었다고 성경이 말하지만, 사실 사울은 다윗을 잡으려고 그렇게 찾아다니지 않았습니다. 십 광야에서 사울을 죽일 수 있었으나 죽이지 않은 이후, 사울은 다윗을 추적하지 않았던 것입니다. 그러면 다윗은 이런 상황에서 왜 아기스에게 넘어가는 극단적인 선택을 했을까요? 이스라엘의 왕이 되는 과정 가운데 해서는 안 되는 가장 극단적 선택을 말입니다.

진짜 이유는 다윗이 지친 것입니다. 사울의 추적 때문이 아니라 도망자로 살면서 먹고 자고 살아가는 것에 지친 것입니다. 광야를 헤매고 다니면서 가장 힘든 것 중 하나는 마실 물과 먹을 것 그리고 편하게 쉴 곳을 찾는 것이었습니다. 더구나 함께하는 사람이 많아지면서 이것은 정말 힘들고 불편한 일이었습니다. 어찌어찌 구해서 하루하루 살아가지만 그 불편함이 그를 지치게 했고, 결국 겉으로 보기에 왕이 되는 것을 포기한 것 같은 선택을 합니다. 정말로 포기했다면 편했겠지만 포기할 수 없는 길이기에, 오히려 더 힘들고 위험한 시간을 보내야 했습니다.

순례의 길을 가면서 가장 치열하게 싸워야 하는 것이 바로

'불편함'입니다. 발에 물집이 잡히는 것부터 시작해 근육통, 숙식의 불편함, 그리고 함께 가는 사람과의 갈등, 이런 것이 가장 힘이 듭니다. 이런 것은 자신의 연약함 때문에 오기도 하고, 지난날의 사고에서 받은 상처 때문에 오기도 합니다. 저도 10년 전쯤 미국에서 교회 목회자들과 실내축구를 하다가 오른발 발가락을 다치면서 그것이 변형되었는데, 그때 발 닥터인 교회 집사님이 당장은 큰 불편이 없겠지만 이것 때문에 발의 아치가 무너지면서 많이 걸으면 힘들 거라고 했습니다. 그런데 안타깝게도 그 말대로 많이 걸으면 힘이 듭니다.

분명한 것은 불편함 때문에 순례를 멈추어서는 안 된다는 것입니다. 그것 때문에 순례의 의미가 반감되고 순례의 길에서 받는 축복을 놓쳐서는 안 됩니다. 그것은 곧 어리석음이고 실패입니다. 그 불편함은 감수하면서 또 때로는 무시하면서 앞으로 나아가야 합니다. 가능한 한 거기에 마음을 빼앗기지 말아야 합니다. 그 불편함을 해결하겠다고 다윗처럼 순례의 방향까지 바꾸면 오히려 더 큰 댓가를 치르게 됩니다.

순례의 길뿐 아니라 신앙의 삶이라는 순례도 마찬가지입니다. 불편함에 순례를 포기하거나 망가뜨리면 안 됩니다. 부부의 삶과 가정이라는 순례의 길에서도 성격 차이나 상대방의 연약한 부분이라는 불편함 때문에 그 길을 포기하거나 망가뜨리면 안 됩니다. 가능하면 바꾸고 고치려고 노력하겠지만, 기본적으로 감수하고 계속 걸어야 합니다. 그것이 순례의 길, 순례의 영성입니다.

다윗은 안타깝게도 불편함에 지치고 무너졌습니다. 그러나 지치지 않으시고 포기하지 않으시는 하나님의 은혜가 그를 계속 붙잡았습니다. 덕분에 다윗의 고생이 심하긴 했지만요.

Day 17
순례자는 머리 쓰지 않는다

👀 **사무엘상 28장 1-11절**

그 때에 블레셋 사람들이 이스라엘과 싸우려고 군대를 모집한지라 아기스가 다윗에게 이르되 너는 밝히 알라 너와 네 사람들이 나와 함께 나가서 군대에 참가할 것이니라 다윗이 아기스에게 이르되 그러면 당신의 종이 행할 바를 아시리이다 하니 아기스가 다윗에게 이르되 그러면 내가 너를 영원히 내 머리 지키는 자를 삼으리라 하니라 사무엘이 죽었으므로 온 이스라엘이 그를 두고 슬피 울며 그의 고향 라마에 장사하였고 사울은 신접한 자와 박수를 그 땅에서 쫓아내었더라 블레셋 사람들이 모여 수넴에 이르러 진 치매 사울이 온 이스라엘을 모아 길보아에 진 쳤더니 사울이 블레셋 사람들의 군대를 보고 두려워서 그의 마음이 크게 떨린지라 사울이 여호와께 묻자오되 여호와께서 꿈으로도, 우림으로도, 선지자로도 그에게 대답하지 아니하시므로 사울이 그의 신하들에게 이르되 나를 위하여 신접한 여인을 찾으라 내가 그리로 가서 그에게 물으리라 하니 그의 신하들이 그에게 이르되 보소서 엔돌에 신접한 여인이 있나이다 사울이 다른 옷을 입어 변장하고 두 사람과 함께 갈새 그들이 밤에 그 여인에게 이르러서는 사울이 이르되 청하노니 나를 위하여 신접한 술법으로 내가 네게 말하는 사람을 불러 올리라 하니 여인이 그에게 이르되 네가 사울이 행한 일 곧 그가 신접한 자와 박수를 이 땅에서 멸절시켰음을 아나니 네가 어찌하여 내 생명에 올무를 놓아 나를 죽게 하려느냐 하는지라 사울이 여호와의 이름으로 그에게 맹세하여 이르되 여호와께서 살아 계심을 두고 맹세하노니 네가 이 일로는 벌을 당하지 아니하리라 하니 여인이 이르되 내가 누구를 네게로 불러 올리랴 하니 사울이 이르되 사무엘을 불러 올리라 하는지라

본문에는 서로 대척점에 있는 다윗과 사울 두 사람의 이야기가 나옵니다. 놀랍게도 두 사람 모두 위기에 봉착한 이야기입니다. 그렇게 위기에 봉착한 이유도 동일하다는 것이 놀랍습니다. 블레셋의 아기스 왕이 이스라엘과 전면전을 하면서 다윗에게 출전하라고 명령하여 다윗은 나갈 수도 없고 안 나갈 수도 없는 답답한 상황이 되었습니다. 사울은 사무엘이 하나님의 말씀으로 자신을 책망하자 사무엘과 척을 졌고, 그러면서 신권이 왕권에 간섭할 수 없도록 사무엘을 완전히 등집니다. 사무엘이 죽은 후에는 영적 예언을 하는 모든 사람을 다 도륙하고

남겨 두지 않았습니다. 그런데 블레셋과 전쟁하게 되면서 자기 생각으로는 도저히 감당이 되지 않자 하나님의 뜻을 구합니다. 그러나 하나님은 대답하시지 않습니다. 사울에게는 영적 신탁을 전해 줄 사람이 아무도 없었던 것입니다. 그러자 답답하고 불안해서 견딜 수 없는 상황에 빠집니다. 두 사람 모두 자기의 꾀와 생각대로 했다가 이런 지경에 빠진 것입니다. 하나님의 음성을 듣지 않고 자기 생각과 판단대로 행동하면 반드시 이런 답답한 상황에 직면하게 됩니다. 그것이 삶의 가장 큰 위기가 되기도 합니다. 이것이 바로 오늘 제게 주신 메시지입니다.

요즘 젊은 세대의 표현대로 하면 '머리 굴리면 폭망한다' 정도 되겠네요. 순례의 길을 걸으면서 가장 확실하게 결단하는 것은 절대 머리 굴리지 말자는 것입니다. 단순하게 순종하며 주어진 길을 걸어야지, 궁리하고 수를 쓰면 반드시 댓가를 치르고 심하면 순례의 길을 망치게 됩니다.

이번 순례에서 저를 가장 괴롭힌 것은 오른 발이었습니다. 예전에 다친 발가락 때문에 발의 아치가 무너지면서 복숭아뼈가 신발에 자꾸 닿아 얼마나 아픈지, 또 그렇게 신경 쓰며 걷다 보니 다리까지 아파 온통 거기에만 신경이 쓰였습니다. 솔직히 여기에는 답이 없습니다. 발이 변형된 것이니 참고 견디면서 걸어야 할 뿐입니다. 하나님의 은혜로 좀 나아지면 감사하지만 아니면 계속 그렇게 걸어야 하는 것이지요. 그런데 걷다 보면 제가 계속 머리를 굴립니다. 어떤 때는 하나님을 묵상하기보다 '어떻게 하면 오른 발이 아프지 않을까?' 하는 생각을 더 많이 합니다. 그러다 문득 샌들을 신고 걸으면 발이 아프지 않겠다는 생각이 들었습니다. 그동안의 경험상 그것이 문제를 해결하지 못한다는 것을 너무도 잘 알기에 쓸데없는 짓임을 알면서도, 그 유혹에 넘어가 결국 카리온이라는 조금 큰 도시에서 6만 원이나 주고 샌들을 샀습니다. 그러고는 그다음 날 샌들을 신고 걸으면서 이것이 잘못된 판단임을 곧 알았습니다. 복숭아뼈를 자극하지는 않았지만 이미 변형되어 발이 아픈 터라 편하지 않았습니다. 변형되어 튀어나와 가장 아픈 부분에 샌들의 끈이 닿자 또 다른 통증이 왔고, 샌들의 밑창이 얇고 약해 자갈길을 걸을 때는 발바닥이 몹시 아팠습니다. 결국 샌들은 계속 신을 수 없었습니다. 6만 원이나 주고 산 것을 버릴 수도 없어 가지고 다니니 짐만 되는 답답한 형국이 되었습니다.

순례에서는 아프더라도 감당해야 할 것은 감당해야 하는데, 머리 굴리면 이렇게 된다는 것을 실감했습니다. 그래도 6만 원짜리 샌들이라 다행이지 더 큰 댓가를 치러야 했다면 그야말로 망하는 것이지요. 순례의 길을 걷는 사람은 절대 머리 쓰면 안 됩니다. 그냥 단순하게 순종하며 맡기고 가야 합니다.

Day 18
순례의 길을 행복하게 걷는 비법

데살로니가전서 5장 16-18절

항상 기뻐하라 쉬지 말고 기도하라 범사에 감사하라 이것이 그리스도 예수 안에서 너희를 향하신 하나님의 뜻이니라

순례의 길을 행복하게 성공적으로 걸을 수 있는 최고의 비법을 소개하겠습니다. 바로 모든 것에서 감사를 찾아내는 것입니다. 순례의 길은 불편합니다. 힘들고 어렵습니다. 그래서 원망과 불평은 특별히 애쓰지 않아도 자동으로 나옵니다. 우리도 때로 아니 자주 불평하고 심하면 서로 원망합니다. 그런 우리 모습을 객관적으로 보면 그렇게 추하고 어리석을 수가 없습니다. 누가 오라고 했나요? 돈 쓰면서 이 멀리까지 와서 잠자리

와 먹을 것, 그리고 너무 많이 걸어서 발이 아프다며 불평하는 것은 정말 어리석은 짓입니다. 그런데 반대로 감사를 찾기 시작하면 그렇게 근사할 수가 없습니다.

찾아보면 정말 감사할 것이 많습니다. 날씨가 맑으면 화창해서 감사하고, 구름이 끼면 덥지 않고 걷기에 딱 좋은 날씨여서 감사합니다. 비가 오면 판초를 꺼내 쓰면서 판초를 준비하게 하신 것에 감사하고, 아름다운 자연은 무조건 감사거리가 됩니다. 아내와 많이 나눈 감사는 식사에 대한 것인데, 먹는 것에 사뭇 진심인 우리 부부는 음식 때문에 참 많이 감사했습니다. 아침에 아침 먹을 식당이 한참 보이지 않아 몹시 허기졌을 때, 마침 만난 식당에서 먹은 계란샌드위치가 얼마나 맛있던지 감사하고, 저녁 필그림 밀의 샐러드가 특히 신선해 또 감사하고, 한식을 먹지 않아도 크게 문제가 없는 입맛에도 감사합니다.

한번은 까미노 마을에 있는 프로미스타라는 알베르게에 갔는데, 조금 먼 거리라 아주 지친 몸으로 오후 2시가 넘어 도착했습니다. 빨리 가서 체크인할 욕심에 점심도 먹지 않고 걸었더니 몹시 지치고 배가 고팠습니다. 그날은 아내의 생일이어서 점심을 근사하게 먹으려고 도착해서 식당에 갔더니, 그놈의 씨에스타(낮잠 시간) 때문에 식당이 영업을 안 하는 것이었습니다. 할 수 없이 어떤 식당에 들어가 샐러드 하나를 주문해 빵과 함께 나누어 먹었습니다. 주방이 쉬니 그 시간에 먹을 것은 그것밖에 없었습니다. 아내에게 너무 미안해 어쩔 줄 몰라 하는데, 아내가 한마디 하더군요. 우리가 순례길에 온 이유 가운데 전면에 내세운 것은 아니지만 중요한 것이 체중을 줄이고 몸을 슬림하게 만드는 것 아니었냐고요. 하나님이 그것을 아시고 과식할 수 있는 이 생일에 이렇게 건강식으로 간단히 먹게 하시니 너무 감사하다고 하는데, 그렇게 멋져 보일 수가 없었습니다.

항상 기뻐하는 것이 행복하게 사는 방법입니다. 그런데 그렇게 할 수 있는 비밀은 바로 범사에 감사하는 것입니다. 이 감사는 자연적인 감정이 아니라 "쉬지 말고 기도하라" 즉 영적인 선택이지요. 순례의 길을 행복하고 아름답게 걷는 비결은 바로 감사를 찾아내고 그것을 입술로 고백하면서 서로 나누는 것입니다.

순례공동체 호산나교회

산티아고 순례길을 걷기 시작한 후 어느덧 일정의 절반을 훌쩍 넘겼습니다. 걸어온 길이 남은 길보다 훨씬 길어서 얼마나 뿌듯한지 모릅니다. 이 길을 걸으면서 순례의 길을 걷는 이유와 그 축복에 대해 생각하다가 하나 발견한 것이 있습니다. 순례의 길은 지나온 길이 자랑이요 감사요 은혜라는 사실입니다. 특별히 이룬 것 없고 어떤 대단한 열매가 없어도, 그 길을 포기하지 않고 걸어왔다는 것 하나만으로도 무척 자랑스럽습니다. 그래서 하나님의 은혜에 감사하지 않을 수 없습니다. 매일 지도를 보며 다음 날 걸어야 할 길을 점검하면서, 그동안 걸었던 길을 다시 한번 돌이켜봅니다. 정말이지 자랑스럽고 뿌듯합니다. 도시 하나하나까지 걷기가 힘들었지만, 매우 감사한 간증이 되었습니다.

은혜를 많이 받은 나머지 아내는 "내일은 더 많이 걸어요. 이거 너무 조금 잡은 것 아니에요?" 하며 설치다가, 다음 날 걸을 때는 투덜댑니다. "왜 이렇게 멀어요. 끝이 없네…." 여자는 어떻게 맞출 길이 없습니다.

오늘은 호산나교회 설립 46주년 주일입니다. 멀리서 이 귀한 날을 축복하면서 문득 우리 호산나교회도 '순례공동체'라는 생각을 해봅니다. 그래서 지난 46년이 자랑이고 감사이고 은혜입니다. 귀하고 아름다운 교회로 부흥해서 감사하기도 하지만, 그보다 지나온 많은 시간 속에서 교회가 무너지고 깨질 수도 있는 수많은 어려움을 이기고 여기까지 온 것이 정말 감사하고 자랑스럽습니다. 우리는 역시 순례공동체입니다. 46주년에 성도 여러분께 순례자의 영성을 담아 축복과 도전을 드립니다. 우리 주님이 이 땅 가운데서 우리에게 걸으라고 말씀하신 그 모든 시간을 함께 끝까지 힘 있게 걸어가자고 말입니다.

순례길을 절반 이상 걷고 나니 자신감이 붙습니다. 몸도 적응했지만, 무엇보다 마음에 자신감이 차오르고 이 길에 대한 확신이 듭니다. 걷는 걸음에도 힘이 있고 권위가 있습니다. 그러니까 걸어온 길이 단지 '왕년에'가 아닙니다. 지금을 힘 있게 걷게 하는 가치이고 의미이고 능력입니다. 호산나교회의 46년이 그렇습니다. 여러분이 신앙 안에서 살아온 시간이 그렇습니다.

순례공동체 호산나교회를 축복하며, 유진소 목사 드림

Buen Camino!

4장

나눔, 하나님의 은혜로

Day 19
주와 같이 길 가는 것

 사무엘상 28장 12-25절

여인이 사무엘을 보고 큰 소리로 외치며 사울에게 말하여
이르되 당신이 어찌하여 나를 속이셨나이까 당신이 사울이시니
이다 왕이 그에게 이르되 두려워하지 말라 네가 무엇을 보았느
냐 하니 여인이 사울에게 이르되 내가 영이 땅에서 올라오는 것
을 보았나이다 하는지라 사울이 그에게 이르되 그의 모양이 어
떠하냐 하니 그가 이르되 한 노인이 올라오는데 그가 겉옷을 입
었나이다 하더라 사울이 그가 사무엘인 줄 알고 그의 얼굴을 땅
에 대고 절하니라 사무엘이 사울에게 이르되 네가 어찌하여 나
를 불러 올려서 나를 성가시게 하느냐 하니 사울이 대답하되 나
는 심히 다급하니이다 블레셋 사람들은 나를 향하여 군대를 일
으켰고 하나님은 나를 떠나서 다시는 선지자로도, 꿈으로도 내
게 대답하지 아니하시기로 내가 행할 일을 알아보려고 당신을
불러 올렸나이다 하더라 사무엘이 이르되 여호와께서 너를 떠
나 네 대적이 되셨거늘 네가 어찌하여 내게 묻느냐 여호와께서
나를 통하여 말씀하신 대로 네게 행하사 나라를 네 손에서 떼어

네 이웃 다윗에게 주셨느니라 네가 여호와의 목소리를 순종하지 아니하고 그의 진노를 아말렉에게 쏟지 아니하였으므로 여호와께서 오늘 이 일을 네게 행하셨고 여호와께서 이스라엘을 너와 함께 블레셋 사람들의 손에 넘기시리니 내일 너와 네 아들들이 나와 함께 있으리라 여호와께서 또 이스라엘 군대를 블레셋 사람들의 손에 넘기시리라 하는지라 사울이 갑자기 땅에 완전히 엎드러지니 이는 사무엘의 말로 말미암아 심히 두려워함이요 또 그의 기력이 다하였으니 이는 그가 하루 밤낮을 음식을 먹지 못하였음이니라 그 여인이 사울에게 이르러 그가 심히 고통 당함을 보고 그에게 이르되 여종이 왕의 말씀을 듣고 내 생명을 아끼지 아니하고 왕이 내게 이르신 말씀을 순종하였사오니 그런즉 청하건대 이제 당신도 여종의 말을 들으사 내가 왕 앞에 한 조각 떡을 드리게 하시고 왕은 잡수시고 길 가실 때에 기력을 얻으소서 하니 사울이 거절하여 이르되 내가 먹지 아니하겠노라 하니라 그의 신하들과 여인이 강권하매 그들의 말을 듣고 땅에서 일어나 침상에 앉으니라 여인의 집에 살진 송아지가 있으므로 그것을 급히 잡고 가루를 가져다가 뭉쳐 무교병을 만들고 구워서 사울 앞에와 그의 신하들 앞에 내놓으니 그들이 먹고 일어나서 그 밤에 가니라

이 본문은 정말 논란이 많은 말씀입니다. 우선 엔돌의 신접한 여인이 불러올린 것이 진짜 사무엘이었을까요? 결론부터

말씀드리면 아니지요. 그것은 악한 영이 사무엘을 가장해 나타난 것입니다. 그렇게 말할 수 있는 근거는, 우선 성경적으로 죽은 자가 마치 어떤 신적인 존재처럼 나타나는 것은 절대 있을 수 없기 때문입니다. 이렇게 신적인 존재로 나타날 수 있는 것은 하나님과 그의 사자들 아니면 마귀입니다. 그러니까 이것은 마귀입니다. 무속이나 이단 같은 곳에서 누군가 귀신에 사로잡혔을 때, 그 귀신이 죽은 친척 중 하나라고 말하는 것은 거짓말입니다. 절대 죽은 자의 영이 나타나 역사할 수 없기 때문입니다. 그리고 이것이 마귀임이 확실한 것은 사울을 낙심시키고 절망시키고 있기 때문입니다. 마귀만 그렇게 하니까요.

결국 사울은 답답하고 힘든 마음에 하나님을 찾는답시고 신접한 여인을 찾아 오히려 더 심한 상황에 처한 것입니다. 왜 그렇게 되었을까요? 사울이 말한 대로 하나님은 사울을 떠나 선지자로도 꿈으로도 대답하시지 않았습니다. 이것은 사울이 하나님께 단독자로 나아가지 않았기에 때문입니다. 자기가 직접 하나님께 나아가 하나님을 찾고 또 찾으면 하나님을 만나지 못할 수가 없으니까요. 우리 하나님은 찾는 자를 반드시 만나주십니다. 하나님 앞에 단독자로 서지 않는 것이 문제인 것입니다.

순례의 길을 가다 보면 때로 좁은 길이 나옵니다. 둘이 함께 걸을 수 없을 정도로 좁습니다. 그럴 때 처음에는 좀 당황했습니다. 그런데 혼자 걷다 보니 놀랍게 하나님과 대화가 시작되었습니다. 혼자 걸을 때 하나님과 대화가 가능하더라고요. 그래서 그다음부터는 길이 넓으면 아내와 함께 걸으며 대화하고, 길이 좁아지면 하나님과 단독으로 만나야 하는 시간이구나 생각하면서 하나님과 대화하며 즐겁고 행복한 시간을 보냈습니다. 그러면서 찬송가 제목처럼 "주와 같이 길 가는 것"이 정말 순례의 길을 가는 자의 노래임을 깨달았습니다. 한 걸음 한 걸음 주 예수와 함께 계속 걷는 것이니까요. 나중에는 길이 넓어도 일부러 혼자 걸었습니다. 특히 아침에 출발해서 걸을 때, 하나님과 교제하고 싶을 때는 혼자 앞으로 나가거나 뒤로 처지곤 했습니다. 그러면 아내도 눈치채고 자기도 하나님과 단독으로 만나는 시간을 가지려고 자연스럽게 따로 걷더군요.

이렇게 하나님과 단독으로 교제할 시간이 필요할 때 배려해 줄 수 있는 사람, 그 사람이 신앙의 순례길을 진정으로 동행하는 사람이지요. 순례의 길을 걸으면서 확실히 깨달은 것은, 우리 하나님은 우리가 찾기만 하면 반드시 만나주시고 교제하신다는 사실입니다.

Day 20
순례의 삶은 그냥 걷는 것

📖 사무엘상 29장 1-11절

블레셋 사람들은 그들의 모든 군대를 아벡에 모았고 이스라엘 사람들은 이스르엘에 있는 샘 곁에 진 쳤더라 블레셋 사람들의 수령들은 수백 명씩 수천 명씩 인솔하여 나아가고 다윗과 그의 사람들은 아기스와 함께 그 뒤에서 나아가더니 블레셋 사람들의 방백들이 이르되 이 히브리 사람들이 무엇을 하려느냐 하니 아기스가 블레셋 사람들의 방백들에게 이르되 이는 이스라엘 왕 사울의 신하 다윗이 아니냐 그가 나와 함께 있은 지 여러 날 여러 해로되 그가 망명하여 온 날부터 오늘까지 내가 그의 허물을 보지 못하였노라 블레셋 사람의 방백들이 그에게 노한지라 블레셋 방백들이 그에게 이르되 이 사람을 돌려보내어 왕이 그에게 정하신 그 처소로 가게 하소서 그는 우리와 함께 싸움에 내려가지 못하리니 그가 전장에서 우리의 대적이 될까 하나이다 그가 무엇으로 그 주와 다시 화합하리이까 이 사람들의 머리로 하지 아니하겠나이까 그들이 춤추며 노래하여 이르되 사울이 죽인 자는 천천이요 다윗은 만만이로다 하던 그 다윗이 아니니이까 하니 아기스가 다윗을 불러 그에게 이르되 여호와께서 살아 계심을 두고 맹세하노니 네가 정직하여 내게 온 날부터 오늘까지 네게 악이 있음을 보지 못하였으니 나와 함께 진중에 출입하는 것이 내 생각에는 좋으나 수령들이 너를 좋아하지 아니하니 그러므로 이제 너는 평안히 돌아가서 블레셋 사람들의 수령들에게 거슬러 보이게 하지 말라 하니라 다윗이 아기스에게 이르되 내가 무엇을 하였나이까 내가 당신 앞에 오늘까지 있는 동안에 당신이 종에게서 무엇을 보셨기에 내가 가서 내 주 왕의 원수와 싸우지 못하게 하시나이까 하니 아기스가 다윗에게 대답하여 이르되 네가 내 목전에 하나님의 전령 같이 선한 것을 내가 아나 블레셋 사람들의 방백들은 말하기를 그가 우리와 함께 전장에 올라가지 못하리라 하니 그런즉 너는 너와 함께 온 네 주의 신하들과 더불어 새벽에 일어나라 너희는 새벽에 일어나서 밝거든 곧 떠나라 하니라 이에 다윗이 자기 사람들과 더불어 아침에 일찍이 일어나서 떠나 블레셋 사람들의 땅으로 돌아가고 블레셋 사람은 이스르엘로 올라가니라

본문은 다윗의 삶에서 가장 큰 위기의 순간이면서, 동시에 그의 신앙이 가장 절박하면서도 아름답게 역사한 순간입니다. 무슨 이야기인가 하면, 사울이 이끄는 이스라엘과 블레셋 사이의 최대 전투인 아벡 전투에 다윗이 어쩔 수 없이 출전하게 된 것입니다. 이는 다윗이 가장 피해야 할 상황입니다. 적국인 블

레셋의 군대가 되어 이스라엘을 공격하면, 어떤 경우에도 이스라엘 백성에게 용서받을 수 없는 일이 되므로 결코 그들의 왕이 될 수 없기 때문이지요. 문제는 그 전쟁에 나가지 않을 수가 없다는 것입니다. 자기 잘못으로 상황을 이렇게 까지 만든 것이 후회되겠지만, 방법이 없는 상황입니다.

우리는 살면서 무엇보다 이런 상황을 만들지 말아야 합니다. 넓고 쉬운 길을 선택하면 반드시 이런 사망의 상황에 봉착하게 되지요. 이 이야기의 저변에는 정말 절박하고 치열한 신앙이야기가 흐르고 있습니다. 우선 다윗은 이 전쟁에 나가면서 가능한 한 맨 뒤에 서고 있습니다. 방법이 없다고 스스로 포기하고 그냥 전쟁에 나간 것이 아니라, 전혀 방법이 보이지 않는 상황에서 어쩔 수 없이 가면서도, 포기하지 않고 하나님이 역사하시기를 기다리면서 버티고 있는 것입니다. 신앙의 중요한 포인트, 특히 영적 전쟁에서 중요한 포인트는 스스로 포기하는지의 여부입니다.

마귀는 상황에 굴복하고 계속 포기하도록 윽박지르지만, 신앙인은 끝까지 포기하지 않습니다. 미련이 남아서가 아니라 생명이 있는 한 포기할 수 없기 때문입니다. 포기하지 않으니까 하나님이 블레셋 방백들의 마음을 움직여 다윗이 출전하지 않아도 되는 상황을 만드셨습니다. 다윗은 하나님의 역사가 시작되었음을 알고는 오히려 자신을 왜 못 나가게 하느냐며 설레발을 칩니다. 하나님의 역사를 온전히 극대화하는 것이지요. 그야말로 하나님과 손발이 척척 맞는 것입니다. 어떻게 이럴 수 있을까요? 바로 마음에 이런 순간을 기대하며 기다리고 있었기 때문입니다. 정확히는 몰라도 하나님이 역사하실 것에 대한 분명한 기대가 있었던 것입니다.

신앙은 바로 이런 것입니다. 인간의 눈으로 보면 답이 없는 상황이지만, 하나님 앞에서 포기하지 않고 답이 없는 그 길을 기도하면서 계속 걸어가는 것이 바로 신앙입니다. 산티아고 순례길을 걸은 지 20일 차입니다(33일을 예정했으니 13일 남았습니다). 이제 목적지인 산티아고까지는 292킬로미터가 남았습니다. 벌써 500킬로미터 정도 걸은 것입니다. 그래서 오늘은 걸으면서 처음 순례의 길을 걷기 시작했을 때 이야기를 많이 했습니다. 아직도 확신이 없지만, 그때는 끝까지 걸을 수 있을 거라고 정말 생각도 못했습니다. 몇 킬로미터 걷는 것도 이렇게 힘이 드는데, 매일 힘들고 여기저기 돌아가면서 아프고 그래서 두려운데, 어떻게 800킬로미터를 걸을 수 있을까? 불가능하다는 생각밖에 들지 않았지만 하나님께 약속받은 것이 있고, 우리가 하나님께 서원했으니 하나님이 역사하시기를 기대하면서, 아직 발은 움직일 수 있으니 통증을 느끼면서도 한발 한발 걸음을 옮겼습니다. 그러다 보니 여기까지 온 것입니다.

아직 끝나지 않았지만, 이제는 그동안 주신 은혜 때문에 확신이 듭니다. 이렇게 매일 주어진 대로 걸으면, 하나님께 드린 서원을 온전히 이루어 드리는, 내 삶에 가장 복되고 뿌듯하고 아름다운 순간의 한가운데 설 거라는 것을…. 순례의 삶은 이렇게 무식하고 단순하게 걷고 또 걷는 것입니다.

Day 21
위기의 순간 하나님과 핫라인을 열다

사무엘상 30장 1-10절

다윗과 그의 사람들이 사흘 만에 시글락에 이른 때에 아말렉 사람들이 이미 네겝과 시글락을 침노하였는데 그들이 시글락을 쳐서 불사르고 거기에 있는 젊거나 늙은 여인들은 한 사람도 죽이지 아니하고 다 사로잡아 끌고 자기 길을 갔더라 다윗과 그의 사람들이 성읍에 이르러 본즉 성읍이 불탔고 자기들의 아내와 자녀들이 사로잡혔는지라 다윗과 그와 함께 한 백성이 울 기력이 없도록 소리를 높여 울었더라 (다윗의 두 아내 이스르엘 여인 아히노암과 갈멜 사람 나발의 아내였던 아비가일도 사로잡혔더라) 백성들이 자녀들 때문에 마음이 슬퍼서 다윗을 돌로 치자 하니 다윗이 크게 다급하였으나 그의 하나님 여호와를 힘입고 용기를 얻었더라 다윗이 아히멜렉의 아들 제사장 아비아달에게 이르되 원하건대 에봇을 내게로 가져오라 아비아달이 에봇을 다윗에게로 가져가매 다윗이 여호와께 문자와 이르되 내가 이 군대를 추격하면 따라잡겠나이까 하니 여호와께서 그에게 대답하시되 그를 쫓아가라 네가 반드시 따라잡고 도로 찾으리라 이에 다윗과 또 그와 함께 한 육백 명이 가서 브솔 시내에 이르러 뒤떨어진 자를 거기 머물게 했으되 곧 피곤하여 브솔 시내를 건너지 못하는 이백 명을 머물게 했고 다윗은 사백 명을 거느리고 쫓아가니라

한고비 넘겼다 싶었는데 또 다른 고난이 닥쳐오면서 다윗은 그야말로 절망할 수밖에 없는 상황입니다. 더구나 이번 고난은 사랑하는 가족을 모두 빼앗긴 정말 피부에 와닿는 아픔이었습니다. 부하들까지도 가족을 빼앗겨 절망하면서 다윗을 돌로 치려고 하는 사면초가의 순간이었습니다. 다윗의 이 어려운 상황을 한 마디로 표현한 것이 바로 "다급하였으나"입니다. 이 말은 '야차르'라는 말로 '답답하다' '곤란하다'라는 뜻인데, 한글 성경은 '다급했다'고 표현합니다.

여기에 성령의 역사가 있다고 생각합니다. 다윗은 이 상황에서 깊이 생각하고 계산할 여유가 없었습니다. 순간 삐끗하면 그대로 망하고 죽을 수밖에 없으니까요. 몹시 당황스럽고 정신이 하나도 없었을 것입니다. 그야말로 큰일났다는 생각에 마음이 무너지면서, 뭐라도 해야 하는데 어떻게 해야 할지 모르는

답답한 상황이었을 겁니다.

그런데 이때 다윗의 신앙이 빛을 발합니다. 우선 하나님을 의지하고 힘을 내면서 하나님과 핫라인을 엽니다. 하나님께 계속 물으면서 순간순간 결정하고 바로 순종하며 행동해 나갑니다. 슬퍼하거나 낙심하거나 심지어 상처받을 여유도 없습니다. 상황을 풀고 해결하기 위해 기계처럼 움직이는 다윗이 정말 멋있고 부럽습니다. 이것은 성격이 아닙니다. 하나님의 영에 사로잡힌 것입니다. 그 안에 영적 해결사의 본능이 있는 것이지요.

순례의 길을 가다가 보면 정말 당황스러운 순간이 많습니다. 그중 하나가 팜플로냐에서 있었던 해프닝입니다. 도시가 크기 때문에 미리 예약한 알베르게까지 가는 데도 많이 힘들었습니다. 특히 도시를 걷는 것은 배나 힘들기에, 아내는 거의 지쳐 쓰러지기 직전이었습니다. 그렇게 걸어서 예약한 알베르게에 갔는데, 그곳이 주상복합 빌딩의 아파트 현관인 것입니다. 이름은 맞는데 분위기는 어느 회사 오피스텔 같아서 정말 황당했습니다. '내가 잘못했구나. 이름을 구글 맵에서 찾아서 왔는데, 이름이 같은 다른 곳으로 온 모양이구나. 다시 찾아가야겠다.' 그러면서 아내를 보니, 아내는 그야말로 돌을 들어

저를 칠 것 같았습니다. 사실 그때 기도하면서 하나님의 뜻을 구하고 음성을 들으며 순종하는 멋진 모습을 보였어야 했는데, 허둥대고 당황하는 모습을 적나라하게 보여 모양만 빠지고 민망했습니다.

결국 좀 헤매다가 아내의 채근에 따라 아래층에 있는 관광 회사에 들어가 예약한 알베르게에 전화 좀 해달라고 부탁했습니다(알베르게 직원이 영어를 못하니 달리 방법이 없었습니다). 그런데 통화 결과 그 집이 맞다고 합니다. 아파트를 개조한 알베르게였고, 우리가 너무 일찍 가서 아무도 없었던 것입니다. 얼마나 당황하고 다급했던지 식은땀이 나면서, 다음에는 다윗처럼 해야겠다고 결심했습니다. 잘 될지는 모르지만….

Day 22
순례는 가족과 함께 걷는 것

사무엘상 30장 11-20절

무리가 들에서 애굽 사람 하나를 만나 그를 다윗에게로 데려다가 떡을 주어 먹게 하며 물을 마시게 하고 그에게 무화과 뭉치에서 뗀 덩이 하나와 건포도 두 송이를 주었으니 그가 밤낮 사흘 동안 떡도 먹지 못하였고 물도 마시지 못하였음이니라 그가 먹고 정신을 차리매 다윗이 그에게 이르되 너는 누구에게 속하였으며 어디에서 왔느냐 하니 그가 이르되 나는 애굽 소년이요 아말렉 사람의 종이더니 사흘 전에 병이 들매 주인이 나를 버렸나이다 우리가 그렛 사람의 남방과 유다에 속한 지방과 갈렙 남방을 침노하고 시글락을 불살랐나이다 다윗이 그에게 이르되 네가 나를 그 군대로 인도하겠느냐 하니 그가 이르되 당신이 나를 죽이지도 아니하고 내 주인의 수중에 넘기지도 아니하겠다고 하나님의 이름으로 내게 맹세하소서 그리하면 내가 당신을 그 군대로 인도하리이다 하니라 그가 다윗을 인도하여 내려가니 그들이 온 땅에 편만하여 블레셋 사람들의 땅과 유다 땅에서 크게 약탈하였음으로 말미암아 먹고 마시며 춤추는지라 다윗이 새벽부터 이튿날 저물 때까지 그들을 치매 낙타를 타고 도망한 소년 사백 명 외에는 피한 사람이 없었더라 다윗이 아말렉 사람들이 빼앗아 갔던 모든 것을 도로 찾고 그의 두 아내를 구원하였고 그들이 약탈하였던 것 곧 무리의 자녀들이나 빼앗겼던 것은 크고 작은 것을 막론하고 아무것도 잃은 것이 없이 모두 다윗이 도로 찾아왔고 다윗이 또 양 떼와 소 떼를 다 되찾았더니 무리가 그 가축들을 앞에 몰고 가며 이르되 이는 다윗의 전리품이라 하였더라

정말 감동적인 이야기입니다. 말 그대로 해피엔딩이고 온전한 회복의 이야기입니다. 다윗의 부하들이 "이는 다윗의 전리품이라"고 외치며 돌아오는 장면은 그들이 다윗을 돌로 치려 했던 장면과 대조되면서 실소가 나옵니다. 그만큼 다윗의 리더십이 완전히 회복되었음을 극대화해 보여주고 있습니다. 매우 위급하고 다급한 상황에서 하나님을 의지하고 하나님과 실시간 현장 통신하면서 달려간 다윗의 신앙이 보여주는 멋진 결론입니다.

그런데 본문에서 눈에 띄는 것은, 다윗이 모든 것을 도로 찾았다고 말하면서 특별히 그의 두 아내를 구원했다고 따로 기

록한 부분입니다. 성경은 왜 이렇게 표현했을까요? 이것은 아마 절박한 순간에 하나님을 의지하며 정신없이 달려가던 다윗의 심중에 정말 중요한 것이 가족의 구원이었고, 이것이 당연하고 또 중요한 것임을 말하고 있는 것입니다. 우리는 리더십이 공동체 전체를 위하려면 자기 가족을 희생하든지, 아니면 적어도 우선순위에 두면 안 된다고 알고 있는데, 성경은 그렇게 말하지 않습니다. 둘 다 포기할 수 없고, 둘은 분리할 수도 없다고 말합니다. 다윗이 회복된 절정은 잡혀간 모든 사람을 도로 찾은 것뿐 아니라, 자기 가족을 구원한 감격에 있습니다. 이것이 신앙 이야기입니다.

순례의 길을 걸으면서 새삼 깨닫는 것은, 이 순례는 가족과 떼려야 뗄 수 없는 이야기라는 것입니다. 산티아고 순례길을 걷는 사람들에게 존경과 부러움의 대상은 가족과 함께 걷는 사람입니다. 부부가 함께 걷거나 부모와 자녀가 함께 걷는 경우, 아니면 형제자매가 같이 걷는 경우 등 가족과 함께 걷는 사람들은 다 부러움의 대상입니다. 그런 면에서 우리 부부도 나름이 까미노에서 유명했습니다. 우리는 몰랐는데, 걷고 있는 한국 사람들에게는 목사 부부라고 이미 다 알려져 있고, 외국인들조차도 어느새 이미 다 알고 있었습니다.

이렇게 가족과 함께 걷는 사람뿐 아니라 혼자 걷는 사람들에게도 가족은 아주 중요합니다. 네덜란드에서 온 한 남성은 아들이 일 때문에 전 구간을 다 걸을 수는 없었지만, 첫 일주일은 함께 걸었다고 아주 강조해서 말하더군요. 미국 유타에서 온 쉐넌이라는 백인 아주머니는 산티아고에 가면 아들이 와서 함께 여행할 거라며 아주 행복해했습니다. 이 이외도 참 많은 사람이 자기는 이곳을 혼자 걷고 있지만 가족의 응원과 지지를 받으며 걷고 있다고 말했습니다.

순례는 혼자 걷는 것이 아닙니다. 가족과 함께 걷는 것입니다. 그렇게 가족과의 관계를 더 아름답게 회복하는 길입니다. 우리 하나님이 원하시는 진정한 순례는 바로 이것입니다. 그래서인지 이 순례의 길을 방해하려는 마귀의 공격이 우리 부부 사이에 갈등을 일으키려 집중되고 있습니다. 왜 이렇게 싸우는지, 아니 정확히 말하면 왜 이렇게 제가 자꾸 삐치는지… 아휴, 중보기도가 많이 필요하네요.

Day 23
함께하는 사람을 향한 배려

사무엘상 30장 21-31절

다윗이 전에 피곤하여 능히 자기를 따르지 못하므로 브솔 시내에 머물게 한 이백 명에게 오매 그들이 다윗과 그와 함께 한 백성을 영접하러 나오는지라 다윗이 그 백성에게 이르러 문안하매 다윗과 함께 갔던 자들 가운데 악한 자와 불량배들이 다 이르되 그들이 우리와 함께 가지 아니하였은즉 우리가 도로 찾은 물건은 무엇이든지 그들에게 주지 말고 각자의 처자만 데리고 떠나가게 하라 하는지라 다윗이 이르되 나의 형제들아 여호와께서 우리를 보호하시고 우리를 치러 온 그 군대를 우리 손에 넘기셨은즉 그가 우리에게 주신 것을 너희가 이같이 못하리라 이 일에 누가 너희에게 듣겠느냐 전장에 내려갔던 자의 분깃이나 소유물 곁에 머물렀던 자의 분깃이 동일할지니 같이 분배할 것이니라 하고 그 날부터 다윗이 이것으로 이스라엘의 율례와 규례를 삼았더니 오늘까지 이르니라 다윗이 시글락에 이르러 전리품을 그의 친구 유다 장로들에게 보내어 이르되 보라 여호와의 원수에게서 탈취한 것을 너희에게 선사하노라 하고 벧엘에 있는 자와 남방 라못에 있는 자와 얏딜에 있는 자와 아로엘에 있는 자와 십못에 있는 자와 에스드모아에 있는 자와 라갈에 있는 자와 여라므엘 사람의 성읍들에 있는 자와 겐 사람의 성읍들에 있는 자 홀마에 있는 자와 고라산에 있는 자와 아닥에 있는 자와 헤브론에 있는 자에게와 다윗과 그의 사람들이 왕래하던 모든 곳에 보내었더라

본문에서 아름답게 드러나는 다윗의 리더십 가운데 아주 중요한 한 가지가 있습니다. 바로 '배려'입니다. 함께한 사람들을 향한 배려, 특히 연약한 지체에 대한 배려는 정말이지 다윗을 사랑하지 않을 수 없게 만듭니다. 아말렉을 추격할 때 아마도 정신없이 몰아쳤을 것입니다. 그러다 보니 함께한 600명 가운데 200명은 따라가지 못하고 중간 브솔시내에 머물게 됩니다. 그리고 이제 승리를 거두고 돌아왔습니다. 뒤처졌던 자들이 영접하러 나왔는데, 얼마나 민망하고 마음이 힘들겠습니까? 그런 그들에게 전리품을 차지할 권리가 없으니 가족만 데리고 가게 하라고 악한 소리를 하는 불량한 자들이 있습니다. 말이야 맞는 말이지만, 공동체를 파괴하는 악한 말이지요. 그런데 여기서 다윗의 배려 리더십이 빛을 발합니다. 불량한 자

들의 말을 받아들이지 않을 뿐 아니라, 여호와께서 우리를 이기게 하셨다고 말하면서 인간의 능력으로 이룬 것이 아님을 강조합니다. 그렇게 불량한 자들을 넌지시 책망할 뿐 아니라 부족하여 뒤처진 자들이 열등감을 느끼지 않게 합니다. 또 그들을 가리켜 뒤떨어진 자라고 하지 않고 "소유물 곁에 머물렀던 자"라고 하면서 그들의 마음이 다치지 않게 합니다. 말은 바로 이렇게 하는 것이지요. 말은 사람의 인격과 됨됨이를 가늠하게 합니다. 이것이 다윗 리더십의 아주 중요한 요소입니다. 이것이 하나님께서 다윗에게 공동체를 맡기신 중요한 이유 가운데 하나입니다.

오늘은 순례길 가운데 가장 힘든 코스였습니다. 전체 순례길 가운데 가장 높은 1550미터의 산을 넘어 550미터까지 1000미터를 내려오는 12킬로미터의 끝없는 내리막길을 걷는데, 온통 바위와 자갈길이어서 그야말로 엉금엉금 기었습니다. 전에 한번 나눈 대로 오르는 것보다 내려오는 것이 훨씬 힘들고 어렵다는 것을 새삼 느끼면서 나름 아주 어려운 시간을 보냈습니다. 무릎이 좋지 못하고 겁이 많은 아내는 무척 힘들어했고, 그러다 보니 다른 사람들에 비해 많이 뒤처졌습니다. 그런 아내의 뒤를 따라가며 보조를 맞추고 있는데, 생장에서부터 만난 한국 할머니 세 분이 저희를 지나가면서 인사하시더라고요. "목사님이 사모님과 보조를 맞추느라 천천히 가시는군요." 그런데 순간 제 마음에 아내가 자기 때문에 늦게 간다고 부담을 가질까 봐 그분들께 얼른 대답했습니다. "아니요. 사실은 제가 오른발에 문제가 있어서 내리막길에 조심하는 겁니다." 실제 그렇기도 했고요.

순례의 길을 아내와 둘이 가면서도 배려는 정말 중요합니다. 이런 식으로 말하는 배려뿐 아니라 그날의 일정 잡는 것, 중간중간 쉬는 것, 화장실 가는 것, 먹을 것 정하는 것, 사진을 찍는 것 등 배려의 연속이었습니다. 순례의 길을 걷는 것은 함께 걷는 사람에 대한 배려의 연속입니다. 그러다 보면 아름다운 순례의 길이 되는 것이지요.

Day 24
순례길, 순종으로 받는 복

사무엘상 31장 1-13절

블레셋 사람들이 이스라엘을 치매 이스라엘 사람들이 블레셋 사람들 앞에서 도망하여 길보아 산에서 엎드러져 죽으니라 블레셋 사람들이 사울과 그의 아들들을 추격하여 사울의 아들 요나단과 아비나답과 말기수아를 죽이니라 사울이 패전하매 활 쏘는 자가 따라잡으니 사울이 그 활 쏘는 자에게 중상을 입은지라 그가 무기를 든 자에게 이르되 네 칼을 빼어 그것으로 나를 찌르라 할례 받지 않은 자들이 와서 나를 찌르고 모욕할까 두려워하노라 하나 무기를 든 자가 심히 두려워하여 감히 행하지 아니하는지라 이에 사울이 자기의 칼을 뽑아서 그 위에 엎드러지매 무기를 든 자가 사울이 죽음을 보고 자기도 자기 칼 위에 엎드러져 그와 함께 죽으니라 사울과 그의 세 아들과 무기를 든 자와 그의 모든 사람이 다 그 날에 함께 죽었더라 골짜기 저쪽에 있는 이스라엘 사람과 요단 건너쪽에 있는 자들이 이스라엘 사람들이 도망한 것과 사울과 그의 아들들이 죽었음을 보고 성읍들을 버리고 도망하매 블레셋 사람들이 이르러 거기에서 사니라 그 이튿날 블레셋 사람들이 죽은 자를 벗기러 왔다가 사울과 그의 세 아들이 길보아 산에서 죽은 것을 보고 사울의 머리를 베고 그의 갑옷을 벗기고 자기들의 신당과 백성에게 알리기 위하여 그것을 블레셋 사람들의 땅 사방에 보내고 그의 갑옷은 아스다롯의 집에 두고 그의 시체는 벧산 성벽에 못 박으매 길르앗 야베스 주민들이 블레셋 사람들이 사울에게 행한 일을 듣고 모든 장사들이 일어나 밤새도록 달려가서 사울의 시체와 그의 아들들의 시체를 벧산 성벽에서 내려 가지고 야베스에 돌아가서 거기서 불사르고 그의 뼈를 가져다가 야베스 에셀 나무 아래에 장사하고 칠 일 동안 금식하였더라

"

본문은 사울의 최후 이야기입니다. 한 인간이 삶을 마감하는 것은 그가 어떤 인생을 살았든 의미심장합니다. 그러기에 우리에게 주는 메시지도 아주 강렬합니다. 사울의 마지막 모습이 주는 메시지는 어떨까요?

이런 관점으로 말씀을 묵상하면서 아주 강하게 든 생각은 그냥 제 생각이 아니라 성경이 강조하는 바로 '수치스러움'입니다. 사울이 전쟁에 패하고 부상당하면서 가장 피하고 싶었던 것은 수치를 당하는 것이었습니다. 그래서 스스로 목숨을 끊은 것입니다. 그런데 결국 수치를 피하지 못했습니다. 시신이

벌거벗겨져 벧산 성벽에 세 아들의 시신과 함께 달리는 최악의 능욕과 수치를 당하고 맙니다. 이것이 사울의 실패한 삶 이야 기입니다.

평생 자신에게 집착해 스스로 자기 가치를 지켜보려 애쓰고, 열등감을 느끼게 한 다윗을 잡으려 미친 사람처럼 쫓아다니다가, 결국 가장 피하고 싶었던 모습으로 삶의 종말을 맞이한 안타까운 사람! 그렇습니다. 삶의 마지막 가치는 하나님이 부여하십니다. 삶의 마지막에 "잘하였다. 착하고 충성된 종아!"라는 말은 하나님만 하실 수 있습니다. 그리고 이런 하나님의 가치 부여를 받으려면, 하나님께 온전히 순종하는 수밖에 없습니다.

벧산 성벽에 매달린 사울과 그 아들들의 시신을 목숨 걸고 가져와 화장하고, 뼈를 에셀나무 아래 묻고, 칠 일 동안 금식하며 애도한 사람은 길르앗 야베스 사람들이었습니다. 그들이 사울의 수치를 덮어준 것입니다. 길르앗 야베스 사람들이 누구인가 하면, 사울이 왕으로서 처음으로 암몬의 나하스로부터 구한 사람들입니다. 여기서 중요한 것은 사울이 성공했다는 것이 아니라, 거의 유일하게 사울이 하나님의 영에 크게 감동되어 불가능한 일을 순종함으로 성공했다는 사실입니다. 하나님께 순종하는 것만이 우리 삶에 가치 있는 것입니다. 그것만이 우리 삶을 존귀하게 마무리하는 것입니다. 이것을 사울의 마지막 이야기가 아주 강렬하게 전해 주고 있습니다.

오늘 순례의 길을 걸으면서 TV 프로그램 "스페인 하숙"을 촬영한 비아프랑카를 지났습니다. 포도원이 모든 산과 언덕을 덮은 기가 막힌 곳입니다. 그런데 거기서 한 백인 청년이 우리를 지나 앞으로 가면서 "부엔 까미노"라며 인사했습니다. 그리고 잠시 후 백인 여성 두 명이 지나가며 인사하길래 어디서 왔는지 물었습니다. 독일에서 왔다고 합니다. 앞서서 걷는 여성은 10대 후반 정도로 보이고, 뒤따라 걷는 여성은 40대 중반 정도 되어 보입니다. 둘이 아주 많이 닮은 걸로 보아 엄마와 딸임을 알 수 있었습니다. 엄마와 딸이냐고 물으니, 엄마가 환하게 웃으며 맞다고 하더군요. 저기 앞서가는 청년은 아들이라고 하는데, 엄마의 얼굴에 자랑스러움이 가득했습니다. 그 모습이 얼마나 멋져 보이고 행복해 보이던지요.

그래서 아내와 이야기했습니다. 여기 순례의 길뿐 아니라 삶의 길도 자녀와 함께 걷는 사람은 정말 복되고 행복한 사람이라고 말입니다. 그러면서 11년 전 아들과 함께 이곳을 걸은 추억, 그 후에 기도한 대로 아들과 함께 내가 생각하는 삶의 가치, 신앙과 가족이라는 그 길을 걷고 있음을 떠올리면서 얼마나 큰 복을 받고 있는지 깨달았습니다. 이렇게 자랑스럽고 뿌듯한 복을 받을 수 있었던 것은 아들과 함께 산티아고를 걸으라고 하신 성령님의 음성에 순종했기 때문임을 새삼 깨닫게 되었습니다. 순례의 길을 걷는 것은 성령님의 감동에 순종하는 것이고, 그 결과는 가치 있고 존귀한 삶으로 이어집니다.

Day 25
영적 순례의 힘은 천국에 대한 확신

> 시편 121편 1-8절
> 내가 산을 향하여 눈을 들리라 나의 도움이 어디서 올까 나의 도움은 천지를 지으신 여호와에게서로다 여호와께서 너를 실족하지 아니하게 하시며 너를 지키시는 이가 졸지 아니하시리로다 이스라엘을 지키시는 이는 졸지도 아니하시고 주무시지도 아니하시리로다 여호와는 너를 지키시는 이시라 여호와께서 네 오른쪽에서 네 그늘이 되시나니 낮의 해가 너를 상하게 하지 아니하며 밤의 달도 너를 해치지 아니하리로다 여호와께서 너를 지켜 모든 환난을 면하게 하시며 또 네 영혼을 지키시리로다 여호와께서 너의 출입을 지금부터 영원까지 지키시리로다

순례길 중 가장 힘든 코스를 오늘 걸었습니다. 오 세브레이로(O Cebreiro)! 해발 650미터부터 1350미터까지 8킬로미터

에 걸쳐 끝없이 올라가는 길입니다. 이 길이 순례자들에게 얼마나 악명이 높은지, 11년 전 저와 산티아고 순례길을 걸은 아들이 피레네 산과 함께 기억하는 유일한 이름이 오 세브레이로일 정도입니다. 그런데 의외로 우리는 그렇게 힘들지 않았습니다. 물론 다리 아프고 숨 차고 몸은 힘들었지만, 힘들다는 생각이 들지 않고 아주 뿌듯하게 걸었습니다. 왜 그랬을까요?

몇 가지 이유가 있는데, 그중 하나는 길이 매우 아름답기 때문입니다. 특히 산등성이를 올라가는 길은 정말 힘들지만, 길가에 피어 있는 각종 꽃, 특히 종이 촘촘히 달린 것처럼 생긴 디기탈리스라는 꽃은 우리에게 큰 위로와 격려가 되었습니다. 나름 꽃에 진심인 아내에게는 확실히 그랬습니다. 그래서 이런 생각을 해보았습니다. '하나님이 꽃을 만드신 이유 가운데 하나가 이렇게 순례자를 위로하고 격려하기 위함이 아닐까?'

힘들지 않게 걸은 또 한 가지 이유는 그 길을 가는 다른 사람들의 도전입니다. 여든 살인데도 가파른 길을 거뜬하게 걸어 올라가는 호주에서 온 할머니, 그리고 여덟 살과 두 살 아들을 데리고 유모차를 끌면서 순례의 길을 걷는 마드리드에서 온 안토니오 가족, 어제 만난 독일에서 온 가족을 다시 만났는데, 어머니 나이가 40대 중반이 아니라 예순이라는 사실…. 이런저런 도전에 자극 받아 그 힘든 길을 힘들지 않게 걸을 수 있었습니다.

그러나 무엇보다 오늘 이 힘든 길을 힘들지 않게 걸을 수 있었던 것은, 이제 목적지인 산티아고 콤포스텔라까지 160킬로미터밖에 남지 않았다는 사실입니다. 목표가 가시권에 들어오니 정말 힘이 났습니다. 지금까지 걸어온 길에 대한 자부심도 힘을 주지만, 가까이 다가온 목적지에 대한 확신이 이렇게 힘이 나게 합니다.

성전에 올라가는 노래인 대표적인 순례자의 노래 시편 121편이 이것을 아주 잘 보여줍니다. "내가 산을 향하여 눈을 들리라." 목적지가 가시권에 들어온 것입니다. 거리의 문제가 아니라 영적인 안목이 열린 것이지요. 그러면 현재를 힘 있게 걸을 수 있습니다. 어떤 어려움과 난관도 이겨낼 수 있습니다.

신앙이라는 영적 순례도 동일합니다. 사도 바울이나 다른 신앙의 선배들처럼, 천국에 대한 확신은 바로 여기 이 땅의 삶을 힘차게 걸을 수 있게 합니다. 이것이 순례의 길입니다.

순례길을 행복하게 걸으려면

드디어, 요즘 아이들의 표현대로 '드더' 200킬로미터 안쪽으로 들어섰습니다. 짝짝짝! 정말 하나님의 은혜이고, 성도 여러분의 기도 덕분입니다. 그래서 이번 순례자의 편지에서는 그간 걸어온 것을 돌아보면서 순례의 길을 가장 재미있고 행복하게 걷는 방법에 대하여 나누려고 합니다.

삶을 가장 재미있고 행복하게 사는 비법은 순례길을 걷듯 사는 것입니다. 우선 순례의 길을 가장 힘들게 걷는 경우는, 상황과 환경에 집중하면서 걷는 것입니다. 얼마나 가야 하나 끝없이 계산하면서, 길이 오르막인지 내리막인지 지형도까지 꿰면서, 마음에 GPS를 탑재한 채 걸어가는 사람에게 순례길은 정말 지루하고 힘들고 재미없는 고행의 길입니다.

반대로 가장 재미있고 행복하게 걷는 방법은 사랑하는 사람과 교제하면서 걷는 것입니다(일행과 대화하고 하나님과 계속해서 영적으로 교제하며 걷는 것). 언제 이 길을 다 걸었나 싶을 정도로 가장 재미있게 걷는 방법은 바로 사랑하는 사람을 위해 무엇인가를 준비하고 연습하며 걷는 것입니다. 지난 주간에 저희는 손자 라함이의 두 번째 생일을 멀리서나마 축하하기 위해, 라함이가 가장 좋아하는 뽀로로 노래 중 하나를 연습했습니다. 아이들 동요라고 우습게 봤다가 정말 힘들었습니다. 옛날 할아버지들은 거저먹은 겁니다. 뽀로로 친구들의 이름이 얼마나 어려운지 뽀로로, 크롱, 포비, 해리 등 익숙한 이름은 하나도 없는데, 친구들은 또 왜 그렇게 많은지…. 정말 수도 없이 반복해 듣고 따라 불렀더니 조금 입에 붙는 정도입니다.

그렇게 열심히 반복하고 또 반복하는데 하나도 지루하지 않고 오히려 재미있고 행복했습니다. 창피한 것도 모르고…. 지나가는 까미노들이 웃으며 엄지척 하는데, 그것이 놀리는 것이 아니라 격려였습니다.

게다가 보너스로 그 노래에 은혜까지 받았습니다. 노래 가사에 "때로는 다투고 때로는 토라져도 언제나 돕고 언제나 이해하는 우리는 친구죠"라는 부분이 있는데, 이것을 반복해 연습하다가 아내가 웃으면서, "이것은 우리 들으라고 하나님이 주신 것 아닌가요?" 하는데, 마음에 살짝 찔리고 민망하면서도 은혜가 되었습니다. 뽀로로의 이 노래를 찬송가에 넣는 것을 심각하게 고려해 봐야 한다고 생각합니다.

사랑하는 사람을 위한 노래 연습, 이것이 순례의 길을 가장 재미있고 행복하게 걸을 수 있는 특별한 방법이라면, 찬양을 연습하는 것은 말할 필요가 없겠지요. 그래서 이번에는 헌금찬양에 도전하면 어떨까 하는데, 하나님과 아내 두 분의 결재가 아직 떨어지지 않아 힘들 것 같습니다. 이제 걸어야 할 길이 한 주간밖에 남지 않았네요.

순례의 길을 행복하게 걸으며

유진소 목사 드림

Buen Camino!

|

5장

지혜, 여호와를 경외하다

|

Day 26
하나님의 시선으로 보면 다르다

잠언 16장 1-9절

　　마음의 경영은 사람에게 있어도 말의 응답은 여호와께로부터 나오느니라 사람의 행위가 자기 보기에는 모두 깨끗하여도 여호와는 심령을 감찰하시느니라 너의 행사를 여호와께 맡기라 그리하면 네가 경영하는 것이 이루어지리라 여호와께서 온갖 것을 그 쓰임에 적당하게 지으셨나니 악인도 악한 날에 적당하게 하셨느니라 무릇 마음이 교만한 자를 여호와께서 미워하시나니 피차 손을 잡을지라도 벌을 면하지 못하리라 인자와 진리로 인하여 죄악이 속하게 되고 여호와를 경외함으로 말미암아 악에서 떠나게 되느니라 사람의 행위가 여호와를 기쁘시게 하면 그 사람의 원수라도 그와 더불어 화목하게 하시느니라 적은 소득이 공의를 겸하면 많은 소득이 불의를 겸한 것보다 나으니라 사람이 마음으로 자기의 길을 계획할지라도 그의 걸음을 인도하시는 이는 여호와시니라 다시 잠언 말씀으로 돌아왔네요. 정말 묵상하기 어려운 말씀입니다. 구절구절이 아주 심오하고, 지혜라는 매우 어려운 주제에 계속 집중되어 있기 때문입니다. 그래서 잠언을 읽으면 잠이 온다는 시시껄렁한 조크를 떠올리며 나름 일리가 있다는 생각을 해봅니다.

그런데 사실은 아닙니다. 말씀을 해석하고 묵상하고 적용하려고 하면, 잠언은 정말 어렵고 지루하고 단조롭습니다. 그러나 이 말씀을 통해 성령께서 내게 말씀하시는 것을 듣게 되면, 그 말씀은 그야말로 버라이어티하고 스펙터클한 진수성찬이고 말씀 묵상의 잔치입니다.

그래서 오늘 말씀을 읽으면서 성령님이 뭐라고 말씀하시는지 들었습니다. 그랬더니 의외로 말씀 전체를 관통하는 핵심을 주셨습니다. 바로 '자기 자신을 솔직하게 보기'였습니다. 그것이 지혜이고 영성입니다. 겉으로 포장한 자기 자신 말고, 자기가 만든 논리로 주장하는 자기 자신 말고, 솔직한 자신의 모습, 그 생각의 동기와 감정의 뿌리를 보아야 한다는 것입니다. 그런데 그것이 잘 안 된다는 것이 문제지요.

그렇지만 성경이 어떤 말씀입니까? 성령이 어떤 분이십니까? 정확한 해법을 확실하게 주십니다. 그것은 바로 하나님의 시선으로 자신을 바라보는 것입니다. 이것을 감찰하심이라고 하나요? 아무리 내가 포장하고 논리로 무장해도 감찰하시는 하나님의 눈길 앞에서는 무용지물입니다. 그야말로 벌거벗은 자가 될 수밖에 없지요. 이렇게 하나님의 시선으로 자신을 바라보는 것이 지혜이고, 하나님의 시선으로 자신을 바라볼 수 있게 하시는 분이 성령님입니다.

순례의 길을 걷는 것은 매일이 영적 전쟁입니다. 그 싸움에서 어떻게든 이겨야 순례의 길을 걸은 것입니다. 처음부터 마귀의 유혹을 이기고 나간 것은 말할 필요도 없고, 초반에 마귀에게 무참히 깨져도, 하나님 앞에서 자복하고 회개하며 역전승을 거둬야 순례가 되는 것입니다.

어제는 정말 감사하고 신나는 순례길이었습니다. 제가 영적 전쟁에서 모처럼 통쾌하게 이겼기 때문입니다. 손자 라함이가 말을 배우면서 요즘 잘하는 말이 '깜짝 놀랐지?'인데, 말 그대로 마귀에게 '깜짝 놀랐지?' 하고 말할 수 있는 승리의 날이었습니다. 자세한 내용은 이렇습니다. 어제 산티아고 순례길에서 가장 높은 곳 중 하나이자 많은 영적 의미가 있는 오 세브레이로라는 곳에서 자고 출발했습니다. 역시 명성 그대로 그곳 알베르게를 겨우 구했는데, 막상 가니 세탁기도 고장, 와이파

이도 고장이지 뭡니까. 데이터를 사용해 여러 가지 검색도 해야 하는데, 때맞춰 로밍 데이터의 70퍼센트를 사용했다는 경고 메시지까지…. 그런 것에 몹시 예민한 아내를 많이 불안하게 했습니다. 그래서 평소보다 더 일찍 아침 6시 10분에 출발했습니다. 아내가 조금이라도 빨리 그곳을 떠나고 싶어해서 30분 정도 일찍 출발한 것입니다. 스페인은 시간대가 좀 치우치게 되어 있어서, 아침 6시 30분이 넘어야 해가 뜨고 저녁에는 거의 10시까지 환합니다.

그렇게 나갔는데, 문 밖 컴컴한 데 서서 담배를 피우던 스페인 사람 하나가 우리를 보고는 비가 온다며 묻지도 않은 말을 했습니다. 정말 비가 한두 방울 떨어지고 있었지만, 높은 곳이라 구름이 걸려 그런 것이지 많이 올 비는 절대 아니었습니다. 일기예보도 그랬고요. 그런데 아내가 바로 판초를 꺼내 쓰자고 했습니다. 그냥 좀더 가면 그칠 거라고 해도 막무가내였습니다.

바로 그때 우리 진소가 달라졌지 뭡니까? 그것보다 훨씬 작은 것으로도 고집을 부리며 세계대전을 일으키던 제가 군말 없이 다시 들어가 판초를 꺼내 입었습니다. 정말 라함이 말대로 '깜짝 놀랐지?'였습니다. 그렇게 우리를 향해 태클을 걸어온 마귀를 멋지게 이겼으니까요. 어떻게 이길 수 있었을까요?

우선 어제가 주일이었으니까요. 제가 말씀드렸지요? 주일에는 제가 영성이 무지 좋아진다고요. 그런데 좀더 들어가 보면, 소리 지르려고 하는 그 순간 불안과 두려움에 판초를 쓰고 가자고 하는 아내의 말에 고집을 부리며 반대하는 제 모습을 성령께서 하나님의 시각으로 보게 하신 것입니다. 자기 의와 교만으로 똘똘 뭉친, 그리고 그 안으로 들어가 보면 거절감에 일그러진 제 못난 모습을 솔직하게 보게 하신 것입니다. 판초 한 번 더 꺼내 쓴다고 제 권위와 존엄성이 손상되지 않음을 깨닫게 하신 것입니다.

결국 어떻게 되었냐고요? 말할 필요가 없지요. 아내가 스스로 판초를 벗고자 했습니다. 이어서 다시 비가 조금 뿌리자 미스트라며, 얼굴 미용에 좋다면서 판초 쓸 필요가 없다고 말하는 기적이 일어났습니다. '우리 미은이도 달라졌어요'였습니다. 오늘은 참 행복한 순례였습니다.

Day 27
킹십(kingship)

잠언 16장 10-20절

하나님의 말씀이 왕의 입술에 있은즉 재판할 때에 그의 입이 그르치지 아니하리라 공평한 저울과 접시 저울은 여호와의 것이요 주머니 속의 저울추도 다 그가 지으신 것이니라 악을 행하는 것은 왕들이 미워할 바니 이는 그 보좌가 공의로 말미암아 굳게 섬이니라 의로운 입술은 왕들이 기뻐하는 것이요 정직하게 말하는 자는 그들의 사랑을 입느니라 왕의 진노는 죽음의 사자들과 같아도 지혜로운 사람은 그것을 쉬게 하리라 왕의 희색은 생명을 뜻하나니 그의 은택이 늦은 비를 내리는 구름과 같으니라 지혜를 얻는 것이 금을 얻는 것보다 얼마나 나은고 명철을 얻는 것이 은을 얻는 것보다 더욱 나으니 악을 떠나는 것은 정직한 사람의 대로이니 자기의 길을 지키는 자는 자기의 영혼을 보전하느니라 교만은 패망의 선봉이요 거만한 마음은 넘어짐의 앞잡이니라 겸손한 자와 함께 하여 마음을 낮추는 것이 교만한 자와 함께 하여 탈취물을 나누는 것보다 나으니라 삼가 말씀에 주의하는 자는 좋은 것을 얻나니 여호와를 의지하는 자는 복이

있느니라

　본문 말씀을 묵상하려고 읽고 있는데, 가장 먼저 들어온 생각이 '웬 왕?'이었습니다. 그러면서 두 가지 질문이 떠올랐는데, 하나는 '본문에서 말하는 왕이 누구지?'였습니다. 또 하나는 '본문이 왕에게 주신 말씀인가, 아니면 왕을 섬기는 사람에게 주신 말씀인가?' 하는 것이었습니다. 그런데 이 두 가지 질문을 한꺼번에 해결하는 깨달음이 왔습니다. 바로 '네가 왕이다'였습니다.

　본문은 제가 왕 됨(kingship)에 대한 말씀이고, 왕으로서 제가 온전히 왕 됨을 누리고 수행하기 위해 들어야 할 말씀입니다. 성경적으로 왕의 두 가지 사명은 재판과 전쟁입니다. 본문은 평화 시 왕의 사명인 재판에 관한 이야기입니다. 우리는 살아가면서 수많은 상황과 사람을 판단합니다. 그런데 우리가 신앙인이라면 이 판단을 왕으로서 해야 합니다. 우리의 정죄는 우리가 판단하는 사람에게 죽음과 같고, 우리의 격려는 그들에게 생명이 됩니다. 하나님이 주신 왕의 자리에서 왕으로서 재판하는 것입니다.

그러면 왕으로서 재판하는 것은 어떻게 하는 것일까요? 자기 생각이나 감정으로 판단하는 것이 아닙니다. 하나님의 공의를 기준으로 판단해야 합니다. 그 입술에 하나님의 말씀이 담겨 있어야 합니다. 자기의 감정을 표출하고, 자기의 의를 고집해서는 안 됩니다. 자기의 생각과 감정으로 판단하지 않겠노라 결단하고, 늘 그렇게 자각하고 애쓰는 것이 바로 왕 됨, 즉 킹십(kingship)입니다.

순례의 길을 걷다 보면 "토끼와 거북"이라는 전래동화가 그대로 재현되는 것을 많이 봅니다. 어떤 사람은 토끼처럼 아주 빠르게 앞서가고, 어떤 사람은 거북처럼 느릿느릿 모든 이에게 추월당하며 걷습니다. 그런데 놀라운 것은 결국 목적지에 가 보면 다 만난다는 것입니다. 그렇게 앞서가던 사람이나 뒤에 처져서 따라가는 사람이나 큰 차이가 없습니다.

파리에서 산티아고 순례길의 출발지인 생장까지 기차를 타고 가면서 만난 한국 할머니 세 분이 있습니다. 그중 한 분은 뉴질랜드 교민으로 영어도 잘하시고, 산티아고 순례길도 두 번째라 70대의 나이지만 잘 걸으실 거라 생각했지요. 다른 두 분, 특히 가장 나이 많은 할머니는 절대 걸으실 수 없을 거라 생각했습니다. 실제로 걸을 때마다 우리를 포함해 모두 추월했으니까요. 그런데 이분이 바로 까미노의 거북이었습니다. 뒤처지다가 따라오기를 반복하면서 그 길을 걸어내고 계셨습니다.

이틀 전 오 세브레이로에서 출발해 가다 보니 그분이 앞에서 걷고 있었습니다. 출발지에서 640킬로미터를 이미 걸으신 터라 일단 감탄하며 반갑게 인사하고 격려해 드렸습니다. 제 판단으로 그분은 절대 못 걸을 거라 생각했기에 좀 미안했습니다.

더 감동인 것은, 다른 두 분은 당연히 앞에 가셨을 거라 생각하고 앞서가셨냐고 여쭈었더니, 아니라면서 자기가 자꾸 뒤처져 미안해서 오늘은 새벽에 한 시간이나 먼저 출발해 그분들이 뒤에 오고 있다는 것이었습니다.

그 이야기를 들으면서 단편적인 것만으로 사람을 판단한 제 어리석음을 회개했습니다. 알고 보니 그분 어머니가 교회에서 전도사로 사역했는데, 그분은 믿지 않는 사람과 결혼해 지금까지 신앙생활을 하지 않고 있었습니다. 그 말을 들으며 너무 늦지 않았나 생각했는데, 그런 믿음 없는 생각을 버리고 늦었지만 신앙을 회복해 귀한 신앙의 사람이 될 것을 믿고 기도하기로 마음먹었습니다.

구름이 덮인 산을 배경으로 사진을 찍어 드리는데, 소녀처

럼 수줍어하시면서 목사님이 사진을 찍어준다고 좋아하시던
그 모습 속에서 하나님의 역사하심의 단초를 보았습니다.

Day 28
언제까지? 끝까지!

❝ 잠언 16장 21-33절

마음이 지혜로운 자는 명철하다 일컬음을 받고 입이 선한 자는 남의 학식을 더하게 하느니라 명철한 자에게는 그 명철이 생명의 샘이 되거니와 미련한 자에게는 그 미련한 것이 징계가 되느니라 지혜로운 자의 마음은 그의 입을 슬기롭게 하고 또 그의 입술에 지식을 더하느니라 선한 말은 꿀송이 같아서 마음에 달고 뼈에 양약이 되느니라 어떤 길은 사람이 보기에 바르나 필경은 사망의 길이니라 고되게 일하는 자는 식욕으로 말미암아 애쓰나니 이는 그의 입이 자기를 독촉함이니라 불량한 자는 악을 꾀하나니 그 입술에는 맹렬한 불 같은 것이 있느니라 패역한 자는 다툼을 일으키고 말쟁이는 친한 벗을 이간하느니라 강포한 사람은 그 이웃을 꾀어 좋지 아니한 길로 인도하느니라 눈짓을 하는 자는 패역한 일을 도모하며 입술을 닫는 자는 악한 일을 이루느니라 백발은 영화의 면류관이라 공의로운 길에서 얻으리라 노하기를 더디하는 자는 용사보다 낫고 자기의 마음을 다스리는 자는 성을 빼앗는 자보다 나으니라 제비는 사람이 뽑

으나 모든 일을 작정하기는 여호와께 있느니라

"

    본문 말씀을 읽으면서 묵상할 것이 그야말로 수두룩해서 약간 당황스러웠습니다. 그래서 마음에 들어와 있던 생각을 다 쏟아내고 빈 마음으로 다시 성령님이 묵상할 내용을 주시기 기대하며 말씀을 읽으니, 명철이라는 말씀이 제게 주어졌습니다. 성령께서는 본문에서 명철을 묵상하기 원하셨습니다.

    명철이 무엇인가요? 히브리어로는 '테부나'로 총명 혹은 통찰, 깨달음이라는 뜻입니다. 지식이라는 말의 히브리어 '비나'의 어근인 '빈'에서 파생된 말로, 지식을 잘 사용하는 특별함을 말하며 바로 '분별력'을 뜻합니다.

    그러면 무엇을 분별해야 할까요? 여러 가지가 있겠지만, 가장 중요한 것은 바로 선악을 분별하는 것입니다. 선악과가 지식의 나무인데, 지식이 바로 선악을 분별하는 것임을 생각하면 이 테부나가 잘 이해될 것입니다. 하나님이 선악과를 따먹지 말라고 말씀하신 것은 바로 이 분별을 자기 지식으로, 자기의 힘으로 하지 말라는 뜻입니다. 그러면 망한다는 것이지요. 하나님이 주시는 힘으로, 성령의 감동으로 분별해야 한다는 것입니다.

바울 사도가 고백한 대로 우리 안에는 두 개의 법이 역사합니다. 하나는 하나님의 법이고 또 하나는 죄의 법, 즉 마귀가 역사는 법입니다. 분별력은 이 두 개의 법 가운데 어떤 것이 죄의 법이고 어떤 것이 하나님의 법인지 구별하여 아는 것을 의미하지 않습니다. 진정한 분별력은 하나님의 법이 죄의 법을 이기는 역사, 그 능력을 말합니다. 명철이 지금 우리에게 가장 중요한 이유가 바로 이것입니다.

순례의 길을 걷다 보면 마음속에 계속 올라오는 질문이 있습니다. 바로 '언제까지?'라는 질문입니다. 길을 걷다 오르막이 계속되면 '언제까지?'라는 질문이 어김없이 올라옵니다. 내리막이 계속될 때도 그 질문이 올라옵니다. 해가 뜨겁게 내리쬐는 길을 걸을 때도, 오늘처럼 비가 내려서 판초를 쓰고 걸을 때도 어김없이 그 질문이 올라옵니다. 어제처럼 전날이 주일이어서 가게가 문을 일찍 닫아 먹을 것을 미처 사두지 못했는데, 아침에 한참을 걸어도 카페나 바(bar)같이 먹을 수 있는 곳이 나오지 않아 정말 허기질 때도 이 질문이 올라옵니다. 또 발에 통증이 계속 느껴져 절뚝거리며 걸을 수밖에 없을 때도 이 질문은 절박하게 올라옵니다. 그런데 이런 질문이 마음에 올라올 때, 명철한 순례자에게는 또 하나의 생각이 그 답으로 반드시 올라와야 합니다. 그것은 '끝까지'입니다. 언제까지? 끝까지! 이것이 바로 제대로 된 순례자의 내면 전개입니다.

그렇습니다. 아무리 힘들고 어려워도 하나님 앞에 서원한 곳에 도착할 때까지, 하나님이 자신에게 주신 그 길의 끝까지 순례자는 걸어야 합니다. 이것이 명철입니다. 이것이 순례자의 영성입니다. 삶과 신앙의 순례자인 모든 신앙인에게도 동일합니다. 살면서 상황과 관계 속에서 정말 힘들고 어려울 때, 특히 힘들게 하는 그것이 좀처럼 나아지거나 사라지지 않고 자꾸 올라올 때, 특히 가족처럼 떠날 수도 없는 그런 관계 속에 계속 힘들고 어려울 때, 마귀는 마음속에 '언제까지?'라는 질문을 반드시 집어넣습니다. 그때 하나님의 사람이라면 이에 대한 하나님의 대답도 올라옵니다. 그것은 '끝까지!'입니다. 그 하나님의 대답이 마귀의 질문을 이겨내고 쫓아내는 역사, 그것이 바로 순례의 길을 걷는 것입니다. 신앙인은 명철한 사람입니다. 순례자는 명철한 사람입니다.

Day 29
다툼과 갈등을 잠재우는 지혜로운 자

&& 잠언 17장 1-14절

　마른 떡 한 조각만 있고도 화목하는 것이 제육이 집에 가득하고도 다투는 것보다 나으니라 슬기로운 종은 부끄러운 짓을 하는 주인의 아들을 다스리겠고 또 형제들 중에서 유업을 나누어 얻으리라 도가니는 은을, 풀무는 금을 연단하거니와 여호와는 마음을 연단하시느니라 악을 행하는 자는 사악한 입술이 하는 말을 잘 듣고 거짓말을 하는 자는 악한 혀가 하는 말에 귀를 기울이느니라 가난한 자를 조롱하는 자는 그를 지으신 주를 멸시하는 자요 사람의 재앙을 기뻐하는 자는 형벌을 면하지 못할 자니라 손자는 노인의 면류관이요 아비는 자식의 영화니라 지나친 말을 하는 것도 미련한 자에게 합당하지 아니하거든 하물며 거짓말을 하는 것이 존귀한 자에게 합당하겠느냐 뇌물은 그 임자가 보기에 보석 같은즉 그가 어디로 향하든지 형통하게 하느니라 허물을 덮어 주는 자는 사랑을 구하는 자요 그것을 거듭 말하는 자는 친한 벗을 이간하는 자니라 한 마디 말로 총명한 자에게 충고하는 것이 매 백 대로 미련한 자를 때리는 것보다 더욱 깊이 박히느니라 악한 자는 반역만 힘쓰나니 그러므로 그에게 잔인한 사자가 보냄을 받으리라 차라리 새끼 빼앗긴 암곰을 만날지언정 미련한 일을 행하는 미련한 자를 만나지 말 것이니라 누구든지 악으로 선을 갚으면 악이 그 집을 떠나지 아니하리라 다투는 시작은 둑에서 물이 새는 것 같은즉 싸움이 일어나기 전에 시비를 그칠 것이니라

본문은 잠언의 일곱 부분 가운데 제2집이라고 알려진 솔로몬의 잠언 가운데 한 부분입니다. 그야말로 좋은 말은 생각나는 대로 다 늘어놓은 것 같습니다. 어떤 논리도 없고 흐름도 없는 것처럼 보입니다. 그런데 사실은 일관된 흐름이 있습니다. 잠언이 가장 좋아하는 대조, 즉 어리석은 자와 지혜로운 자를 대조해 말하고 있습니다. 그 핵심 포인트는, 지혜로운 자는 다툼과 갈등을 잠재우고, 어리석은 자는 공동체 속에서 갈등과 다툼을 일으킨다는 것입니다.

그러면 지혜로운 사람은 어떻게 갈등과 다툼을 잠재울까요? 지혜로운 자의 세 가지 모습입니다. 첫째, 겸손함입니다. "슬기로운 종"이라는 표현에도 나오고 교만한 자에 대한 경고에도 나오듯, 다툼을 잠재우는 지혜로운 사람은 무엇보다 겸손

합니다. 둘째, 진실함입니다. 영어 표현으로 'integrity'를 쓰는데, 이것은 앞뒤가 다르지 않고 말과 행동이 일치하는 진실하고 투명한 인격을 말합니다. 할아버지가 손자에게, 아버지가 아들에게 보여야 하는 그 본이 바로 진실함이지요. 셋째는 온유함입니다. 무조건 싸우지 않는 나약함이 아니라, 크게 보고 궁극적인 것을 보기에 눈앞의 작은 것을 양보할 수 있는 성품을 말합니다. 전투에서는 이기고 전쟁에서 지는 것이 아니라, 전투에서는 지지만 결국 전쟁에서는 이기는 그런 성품입니다. 결국 이 세 가지는 '코람데오'(하나님 앞에서)의 영성입니다. 하나님 앞이니까 교만할 수 없고, 하나님 앞이니까 거짓과 위선이 있을 수 없지요. 그리고 하나님 앞에서 하나님을 믿고 신뢰하니 얼마든지 양보하고 받아줄 수 있는 것이지요. 그렇게 악착같이 싸우지 않고, 널널하고 여유로울 수 있는 것입니다.

순례의 길을 걷는 이유가 무엇일까요? 산티아고 순례길로 다큐멘터리 만든 것을 보니, 많은 사람이 이 까미노 걷는 이유를 '더 나은 사람이 되기 위해서'(to be a better person)라고 말하더군요. 그렇습니다. 순례의 길을 걷는 것은 더 나은 사람이 되려는 것입니다. 신앙 없이 이 순례길을 걷는 사람도 거의 대부분은 더 나은 사람으로 더 나은 삶을 살기 위해 고생하며 길을 걷는 것입니다. 하물며 신앙의 순례자는 말할 필요가 있겠습니까?

그러면 더 나은 사람이 된다는 것은 무엇일까요? 바로 더 지혜로운 사람이 되는 것입니다. 본문에서 말하는 지혜, 즉 공동체 속에서 갈등과 다툼을 잠재우는 지혜로운 사람을 말하는 것이지요.

'사리아'라는 도시를 지나면서 갑자기 순례자가 많아졌습니다. 거기서부터 걸으면 100킬로미터 정도 되는데, 순례한 것으로 인정해 주기에 시간이 많지 않은 사람들이 몰려들어 그런 것입니다. 그러다 보니 영성 떨어지는 소리가 들립니다. 길에 있는 카페나 바도 장삿속이고, 사람들끼리도 상대방에 대한 존중이 사라져갑니다. 오죽하면 생장에서부터 함께 걸은 미국인 부부를 여기서 다시 만났는데, 우리를 보더니 매우 반가워하면서도 사람이 너무 많은 것을 불편해하며 그들의 신발을 봐야 한다고 했겠습니까? 신발이 깨끗한 사람은 사이비라는 것이지요. 그 이야기에 수긍하면서도 마음이 많이 찝찝했습니다. 신발을 빨아볼까 하다가 빨지 못하는 것도 찝찝하고요.

상황이 그래서인지 영적인 공격도 매우 심했습니다. 날씨가 계속 변덕을 부리며 변화가 심했는데, 그보다 제 마음의 기상도는 훨씬 복잡했습니다. 그래서 카페의 못된 장삿속을 보고 그 직원에게 소리 지르고, 알베르게의 무책임한 직원에게도 소리 지르고, 힘들다고 불평하는 아내에게도 소리 지르고, 그야말로 고슴도치 영성이 충만한 싸움닭 같았습니다. 90킬로미터도 안 남았는데 이렇게 순례를 마치면 이것은 정말 망한 거라는 생각에 깜짝 놀랄 정도였습니다. '왜 이러지? 순례의 목적지에 다가갈수록 왜 이러지?'

본문을 묵상하면서 깨달은 것은 더 나은 사람이 되기 위한 마지막 훈련이라는 것입니다. 다툼을 잠재우는 하나님의 지혜로운 사람이 되기 위한 마지막 마무리 훈련인 것입니다. '에휴, 잘 통과해야 할 텐데….' 아니면 산티아고에서 되돌아 생장까지 800킬로미터를 더 걸어야 할지도 모르겠습니다.

Day 30
순례의 정점은 십자가 앞

🐚 잠언 17장 15-28절

　악인을 의롭다 하고 의인을 악하다 하는 이 두 사람은 다 여호와께 미움을 받느니라 미련한 자는 무지하거늘 손에 값을 가지고 지혜를 사려 함은 어찜인고 친구는 사랑이 끊어지지 아니하고 형제는 위급한 때를 위하여 났느니라 지혜 없는 자는 남의 손을 잡고 그의 이웃 앞에서 보증이 되느니라 다툼을 좋아하는 자는 죄과를 좋아하는 자요 자기 문을 높이는 자는 파괴를 구하는 자니라 마음이 굽은 자는 복을 얻지 못하고 혀가 패역한 자는 재앙에 빠지느니라 미련한 자를 낳는 자는 근심을 당하나니 미련한 자의 아비는 낙이 없느니라 마음의 즐거움은 양약이라도 심령의 근심은 뼈를 마르게 하느니라 악인은 사람의 품에서 뇌물을 받고 재판을 굽게 하느니라 지혜는 명철한 자 앞에 있거늘 미련한 자는 눈을 땅 끝에 두느니라 미련한 아들은 그 아비의 근심이 되고 그 어미의 고통이 되느니라 의인을 벌하는 것과 귀인을 정직하다고 때리는 것은 선하지 못하니라 말을 아끼는 자는 지식이 있고 성품이 냉철한 자는 명철하니라 미련한 자라

도 잠잠하면 지혜로운 자로 여겨지고 그의 입술을 닫으면 슬기로운 자로 여겨지느니라

"

　　본문은 지혜로운 자와 어리석은 자를 대조하면서, 특히 어리석은 자에 대해 많이 이야기합니다. 그래서 솔직히 재미없습니다. 제 민낯을 자꾸 들추는 것 같아서요. 본문에서 어리석은 자를 두 가지 다른 표현으로 말하는데, 하나는 "미련한 자"이고, 또 하나는 "마음이 굽은 자"입니다. 이것은 어리석은 자의 아주 심각한 두 가지 특징입니다. 그런데 이 두 가지는 사실 한 가지입니다. 미련해지는 이유가 마음이 굽었기 때문입니다.

　　미련하다는 것은 무슨 의미일까요? 세 가지 히브리어 단어가 있습니다. 첫째는 '케실'로 우둔하고 꽉 막힌 사람, 고집 세고 다른 사람의 말을 듣지 않는 미련한 사람입니다. 둘째는 '나발'로 영적 인식력이 부족한 사람을 말합니다. 그래서 무엇이 중요하고 옳은지 알지 못하고 자기 기분대로 판단하고 말합니다. 셋째는 '에윌'로 건방지고 무례한 사람을 말합니다. 권위를 무시하면서 자기 멋대로 하는 것이지요. 악하다고까지 할 수 있습니다. 이 세 단어가 미련함의 모든 것을 말해 주는데, 이

런 사람이 옆에 있으면 얼마나 힘들겠습니까? 그런데 가만 보니 제 모습에 이 세 가지가 다 있습니다. 정말 죄송하고 답답한 마음입니다.

이런 미련한 자가 되는 이유는 무엇일까요? 마음이 굽어서입니다. 즉, 마음에 상처가 있어서 그런 것입니다. 거절감, 굶주림, 두려움, 열등감 그리고 깊이 가지고 있는 죄책감에 마음이 굽어서 미련한 자가 되는 것입니다. 대놓고 미련하든지 아니면 속으로 미련 하든지…(미련한 자도 잠잠하면 지혜로운 자로 여겨진다는 본문을 보고, 진짜로 입만 다물고 있으면 지혜로워진다고 생각해서는 안 됩니다. 이것은 미련한 자가 말을 함부로 하는 것에 대한 경고와 권면일 뿐 실제로 그렇게 해서 지혜로워진다는 뜻이 아닙니다).

오늘로 30일째 순례길을 걸었습니다. 이제 3일 남았습니다. 그런데 제 내면과 영성 상태를 볼 때 한바퀴 더 돌아야 할 것 같습니다. 버려야 할 것을 왜 아직도 버리지 못하는지…. 제 배낭 속에는 한 번도 입지 않은 옷이 있습니다. 3일밖에 남지 않았는데, 아직도 제대로 쓰지 않은 침낭이 아까워서 버리지 못하고 있습니다. 물론 당나귀 서비스(donkey service)라고 배낭을 한 구간씩 가져다주는 유료서비스를 받고 있기에(아내를 위해 제 배낭 하나를 보내고, 저는 아내의 가벼운 배낭을 메고 걸으니 세상 좋습니다. 아내 핑계로 제가 호강하는 것이지요, 세상 좋아졌습니다.)
제가 지고 가는 것은 아니지만, 결국 버려야 할 것인데 그것을
버리지 못합니다. 아깝고 아쉬워서, 혹시라도 필요할까 불안해
서 그러는 겁니다.

그런데 문제는 물건이 아닙니다. 진짜 버리지 못하는 것은
마음에 있습니다. 이렇게 순례의 길을 걷는 특단의 훈련까지
하면서 삶 가운데 집착하고 고집하는 것, 부질없는 것을 내려
놓으라고 하시는데 여전히 내려놓지 못하고 움켜쥐고 있는 이
미련함이 정말 문제입니다. 말로는 죽어서 주님께 갈 때 싸갈
것도 아니라고 하면서 여전히 움켜쥐고 있는 자신을 봅니다.
그래서 여전히 마음이 무겁습니다.

이제 순례를 마치고 다시 사역으로 돌아갈 부담이 가슴을
누릅니다. 순례의 길 내내 말씀을 묵상할 때 많은 메시지를 주
셨는데, 아직도 내 생각에 사로잡혀 있는 미련한 자신을 보면
답답하기만 합니다. 결국 미련함을 이기는 유일한 길은 십자가
밖에 없습니다. 이 순례의 정점은 십자가 앞으로 나아가는 것
입니다.

Day 31
잘난 척하지 마라

잠언 18장 1-10절

무리에게서 스스로 갈라지는 자는 자기 소욕을 따르는 자라 온갖 참 지혜를 배척하느니라 미련한 자는 명철을 기뻐하지 아니하고 자기의 의사를 드러내기만 기뻐하느니라 악한 자가 이를 때에는 멸시도 따라오고 부끄러운 것이 이를 때에는 능욕도 함께 오느니라 명철한 사람의 입의 말은 깊은 물과 같고 지혜의 샘은 솟구쳐 흐르는 내와 같으니라 악인을 두둔하는 것과 재판할 때에 의인을 억울하게 하는 것이 선하지 아니하니라 미련한 자의 입술은 다툼을 일으키고 그의 입은 매를 자청하느니라 미련한 자의 입은 그의 멸망이 되고 그의 입술은 그의 영혼의 그물이 되느니라 남의 말하기를 좋아하는 자의 말은 별식과 같아서 뱃속 깊은 데로 내려가느니라 자기의 일을 게을리하는 자는 패가하는 자의 형제니라 여호와의 이름은 견고한 망대라 의인은 그리로 달려가서 안전함을 얻느니라 본문을 읽으면서 어떤 말씀을 주실지 기대했습니다. 주님이 주신 감동은 '잘난 척하지 마라!'였습니다. 본문에 나오는 미련한 자는 혼자 똑똑하고 잘난 척하는 사람입니다. 아는 것도 없으면서 아는 척하고, 특별한 이유도 없이 자기 의견을 고집합니다. 모든 사람을 가르치려 하고 판단하고 재단합니다. 이런 사람은 정말 비호감입니다. 그들의 말과 행동은 사람들에게 감동을 주지 못하고, 모두 그를 존경하지 않습니다. 존경은커녕 무시하고 멸시합니다. 그들은 공동체를 분열시키고 지체끼리 서로 싸우게 합니다. 그들은 결국 수치와 모욕이 되고 맙니다. 잘난 척은 사실 가장 추한 미련함입니다. 신앙인이고 십자가 신앙을 가진 그리스도인이라면 반드시 피해야 할 영적 미혹입니다.

순례의 길을 걷다 보면 정말 입에서 행복하다, 감사하다가 절로 나올 때가 많습니다. 특히 마지막 100킬로미터 구간에서 그런 고백을 많이 합니다. 우선 길이 정말 아름답습니다. 중간의 메세타 고원 지대와 달리 숲속 나무 사이로 난 길이 그대로 성화 같은 느낌입니다. 그리고 여기서 만나는 반가운 얼굴이 있습니다. 처음 생장을 출발할 때 함께 걸으며 인사한 까미노 친구들입니다. 그때는 서로 인사하면서도 끝까지 걸을 수 있을까 반신반의하면서 서로 서먹했는데, 그 얼굴을 산티아고에 다다른 시점에서 보면 단지 함께 걸은 것 이상의 감동과 감사가 있습니다.

이렇게 감사하고 행복한 것이 많지만, 인생사가 그렇듯 눈살을 찌푸리게 하는 것도 많습니다. 그중 하나가 자전거 타는 사람들입니다. 11년 전에 왔을 때보다 자전거 타는 사람이 훨씬 많아졌는데, 그들은 걷는 길을 마운틴 바이크를 타고 지나가면서 사람들을 힘들게 합니다. 소리 없이 그냥 다가와 깜짝 놀라게 하는 것도 화가 나지만, 신호를 준답시고 부엔 까미노라고 외치면서 지나갈 때는 더 화가 납니다. 때로는 들고 있는 지팡이로 때려주고 싶은 충동을 느끼는데, 그래도 순례자라 참습니다.

왜 이렇게 자전거를 타고 가는 사람들에게 화가 날까요? 처음에는 나는 걷는데, 그들이 빨리 가니까 상대적 박탈감에 화가 나는 줄 알았는데, 본문을 묵상하며 그 이유를 새롭게 깨닫습니다. 그것은 그들이 잘난 척하는 것에 대한 분노입니다. 하나님을 예배하는 마음으로 걸어야 하는 길을 도구를 사용해 빨리 지나가는 것은 잘난 척으로 보입니다. 물론 제가 마음이 꼬여서 그런 것일 수 있지만, 순례자 입장에서 보면 그들의 행동은 받아들일 수 없습니다. 이 길은 걷는 길입니다. 하나님이 주신 몸으로 한 걸음 한 걸음 걸으면서 하나님 섬기는 마음을 고백하는 길입니다. 그렇게 자전거를 타고 획획 지나가는 길이 아닙니다. 정말 자전거를 타고 싶으면, 다른 산길이나 트레킹 코스를 가야 합니다. 이렇게 하나님 앞에서 최선을 다해 걷고 있는 사람들 사이를 잘난 척하며 지나가면 안 되지요.

오늘도 마지막 30킬로미터 안으로 들어가는 길을 걸으며, 하나님 앞에서 깊이 감사하고 은혜를 느끼려다 자전거 때문에 몇 번이나 놀라고 방해받고 분노하면서, 제게 주시는 메시지를 깨달았습니다. 순례자는 절대 잘난 척해서는 안 된다는 것입니다. 솔직히 순례자가 잘난 척할 것이 뭐가 있습니까. 그냥 두 발로 걷는 것 외에 다른 할 것이 아무것도 없는데요. 그러니까 순례자는 같이 걷는 사람을 격려하고 위로할 뿐, 절대 그들을 좌절시켜서는 안 됩니다. 순례의 길을 걸으면서 잘난 척하고 싶은 것은 순례자의 영성이 아닙니다.

Day 32
순례의 마지막 길을 걸으며

디모데후서 4장 6-8절

전제와 같이 내가 벌써 부어지고 나의 떠날 시각이 가까웠도다 나는 선한 싸움을 싸우고 나의 달려갈 길을 마치고 믿음을 지켰으니 이제 후로는 나를 위하여 의의 면류관이 예비되었으므로 주 곧 의로우신 재판장이 그 날에 내게 주실 것이며 내게만 아니라 주의 나타나심을 사모하는 모든 자에게도니라

이제 정말 마지막입니다. 저는 지금 목적지인 산티아고 데 콤포스텔라 대성당까지 10킬로미터 남은 라바코야라는 곳에 있습니다. 매일 20-25킬로미터를 걸은 입장에서 10킬로미터는 정말 얼마 안 남은 것입니다. 그런데 지금 제 기분이 참 묘합니다. 허탈하기도 하고, 뿌듯하기도 하고, 뭔가 슬프기도 하고,

또 행복하기도 합니다. 무슨 소리인가 하겠지만, 지난 32일 동안 매일 바라보고 온 힘을 다해 걸어온 그곳에 드디어 다다르게 되니 기분이 참 오묘합니다. 그리고 몇 개월, 아니 몇 년 전부터 준비하고 도전한 것을 드디어 성취하게 되니, 성취감에 행복하지만은 않습니다. 솔제니친의 『이반 데니소비치의 하루』에 나오는 주인공이 8년간의 수용소 생활에 익숙해지자, 그곳에서 나가는 것을 불안해하는 것과 같은 것일 수 있습니다. 내용만 다를 뿐이지요. 지금까지는 매일 힘들고 어렵기는 했지만 정말 단순했습니다. 정해진 구간을 걷기만 하면 되니까요. 그래서 하루를 걷고 난 후 지치고 피곤한 몸과 아픈 다리를 끌고 알베르게에 도착하면 그렇게 뿌듯하고 행복했습니다. 역설적으로 매일 아침이 기다려지기도 했지요. 그런데 더는 그렇게 걸을 수 없다는 것이 아쉽고 허탈하고 슬픕니다.

사도 바울이 마지막 서신의 거의 마지막 부분에 이야기한 이 유명한 말씀에서 우리가 느끼는 그 복합적인 느낌이, 바로 지금 800킬로미터를 거의 다 걷고 마지막을 남긴 제가 느끼는 이 감정인 것입니다. 삶을 순례로 걸으면 삶의 마지막 부분에 바로 이런 느낌이 들겠구나 하는 생각이 들면서 그저 감사할 뿐입니다. 지금의 이 마음이 오묘하기는 한데, 궁극적으로는 매우 행복하고 뿌듯하기 때문입니다. 특히 내일 10킬로미터를 걸어서 산티아고 데 콤포스텔라 대성당에 도달하면, 그것은 무엇과도 바꿀 수 없는 기쁨과 은혜가 될 것을 확신하기 때문입니다. 사도 바울의 고백에서 '전제와 같이 부어지고 나의 떠날 시각이 가까웠다'는 그 허탈함과 아쉬움과 슬픔을 단번에 누를 수 있는 '주님이 나를 위해 준비해 주신 의의 면류관' 같은 은혜를 목표 지점인 산티아고 대성당에 도달할 때 느낄 것이라 확신한다는 말입니다. 그래서 지금 제 삶의 마지막을 미리 누려 보는 정말 행복한 시간을 보내고 있습니다.

Day 33
마음 지키기

잠언 18장 11-24절

　부자의 재물은 그의 견고한 성이라 그가 높은 성벽 같이 여기느니라 사람의 마음의 교만은 멸망의 선봉이요 겸손은 존귀의 길잡이니라 사연을 듣기 전에 대답하는 자는 미련하여 욕을 당하느니라 사람의 심령은 그의 병을 능히 이기려니와 심령이 상하면 그것을 누가 일으키겠느냐 명철한 자의 마음은 지식을 얻고 지혜로운 자의 귀는 지식을 구하느니라 사람의 선물은 그의 길을 넓게 하며 또 존귀한 자 앞으로 그를 인도하느니라 송사에서는 먼저 온 사람의 말이 바른 것 같으나 그의 상대자가 와서 밝히느니라 제비 뽑는 것은 다툼을 그치게 하여 강한 자 사이에 해결하게 하느니라 노엽게 한 형제와 화목하기가 견고한 성을 취하기보다 어려운즉 이러한 다툼은 산성 문빗장 같으니라 사람은 입에서 나오는 열매로 말미암아 배부르게 되나니 곧 그의 입술에서 나는 것으로 말미암아 만족하게 되느니라 죽고 사는 것이 혀의 힘에 달렸나니 혀를 쓰기 좋아하는 자는 혀의 열매를 먹으리라 아내를 얻는 자는 복을 얻고 여호와께 은총을 받는 자니라 가난한 자는 간절한 말로 구하여도 부자는 엄한 말로 대답하느니라 많은 친구를 얻는 자는 해를 당하게 되거니와 어떤 친구는 형제보다 친밀하니라

본문을 묵상하는데 죄송하게도 가장 먼저 떠오른 말이 '중구난방'이었습니다. 잠언이 그런 경향이 있지만, 오늘 말씀은 그야말로 좋은 말을 생각나는 대로 쭉 펼쳐 놓은 느낌이었습니다. 그래도 분명 이 말씀을 통해서 성령께서 직접 주신 체험이 있기에, 어떤 메시지를 주실지 기대하며 말씀을 읽고 다시 읽었습니다. 그러다 매우 강하게 제 심령을 찌르고 들어온 말씀이 "사람의 심령은 그의 병을 능히 이기려니와 심령이 상하면 그것을 누가 일으키겠느냐"(14절)라는 말씀이었습니다. 특히 "심령이 상하면"이라는 말이 매우 강하게 다가와 한동안 묵상할 수가 없었습니다.

그렇습니다. 모든 것이 마음의 문제입니다. 입술의 언어도 결국 마음에서 나오고, 상황이나 현실에 대처하는 것도 마음에서부터 그 답이 나옵니다. 우리 삶에 보이는 모든 것, 특히 삶을 살아가는 내용이 다 심령의 이야기이고, 그 심령이 어떠한지가

그 사람이 어떠한지를 결정합니다. 그런데 심령이 상하면 그 사람의 병을 어떻게 고치며, 그의 무너진 삶을 누가 일으켜 세울 수 있겠습니까? 잠언에서 가장 중요한 말씀 가운데 하나인 4장 23절 "모든 지킬 만한 것 중에 더욱 네 마음을 지키라 생명의 근원이 이에서 남이니라"는 말씀 그대로, 우리에게 정말 중요한 것이 바로 마음입니다. 그래서 심령이 상하면 정말 답이 없는 것이지요.

그런데 그 심령이 어떻게 상합니까? 본문에서는 교만 때문이라고 말합니다. 교만 즉 자의식이 강하게 고개를 들면, 또 자존감을 스스로 높이려고 하면 반드시 상처를 받게 되고, 그러면서 심령이 상하는 것입니다. 그렇게 상처를 받을 때 마귀가 그 심령을 장악하고 역사하는 것이지요. 이것이 바로 우리 가운데 일어나는 영적 전쟁입니다.

따라서 중요한 것은 심령이 상하지 않게 하는 것입니다. 속상할 것 같으면 바로 치료백신을 가동해야 합니다. 컴퓨터의 바이러스 백신 프로그램처럼 우리 중심에 성령님의 백신인 십자가를 설치해 놓고, 심령이 상처 받아 상하려고 할 때마다 지켜내야 합니다. 이것이 신앙생활이고 영성입니다.

어제 드디어 산티아고 데 콤포스텔라 대성당 앞에 섰습

니다. 엄청난 감동과 감격의 눈물이 날 줄 알았는데 생각보다 담담했습니다. 그렇다고 아무런 은혜가 없었던 것은 아닙니다. 이미 10킬로미터 전에서 출발할 때부터 마음에 울컥하는 감동이 계속 있었고, 입에서도 감사가 계속 넘쳐났으니까요. 특히 이번 길이 11년 전 아들과 함께했던 때의 후속 프로그램이라 그 둘을 연결하지 않을 수 없었습니다. 그때 막막한 가운데서도 하나님의 역사하심을 믿고 이 길을 걸으며 하나님께 올려드렸던, 아니 감히 입 밖으로 말하지도 못하고 마음속으로만 가지고 있었던 그 기도제목에 신실하게 응답하신 하나님께 감사가 계속 차오르고 있었습니다.

그런데 정작 대성당 광장에 서서 기도하면서 하나님께 올려드린 감사는 '마음을 지켜주셔서 감사합니다'였습니다. 이 길을 걸으며 마음이 복잡하고 아슬아슬했는데, 원래도 그렇게 단단하지 못했지만 특히 악한 것이 상처를 계속 자극하며 흔들어서 마음이 참 많이 상했습니다. 그런데 그 마음을 주님이 때마다 지켜주셔서 순례의 길을 잘 마칠 수 있어 참 감사했습니다. 그 고백을 드리는데 얼마나 울컥하던지요.

순례의 길을 끝까지 걸으려면 하나님의 인도하심과 보호하심이 있어야 합니다. 건강도 지켜주셔야 하고, 상황도 지켜

주서야 합니다. 그러나 무엇보다 마음이 상하지 않도록 지켜 주시고, 상한 순간에는 바로 온전하게 회복시켜 주셔야 순례의 길을 걸을 수 있습니다. 그렇게 지난 33일 동안 마음을 지켜주 신 우리 하나님께 감사드리며, 제 삶의 마지막 순간까지 마음 지켜주시기를 간구했습니다.

순례를 마치며
다투는 남편, 슬기로운 남편

잠언 19장 1-14절

가난하여도 성실하게 행하는 자는 입술이 패역하고 미련한 자보다 나으니라 지식 없는 소원은 선하지 못하고 발이 급한 사람은 잘못 가느니라 사람이 미련하므로 자기 길을 굽게 하고 마음으로 여호와를 원망하느니라 재물은 많은 친구를 더하게 하나 가난한즉 친구가 끊어지느니라 거짓 증인은 벌을 면하지 못할 것이요 거짓말을 하는 자도 피하지 못하리라 너그러운 사람에게는 은혜를 구하는 자가 많고 선물 주기를 좋아하는 자에게는 사람마다 친구가 되느니라 가난한 자는 그의 형제들에게도 미움을 받거든 하물며 친구야 그를 멀리 하지 아니하겠느냐 따라가며 말하려 할지라도 그들이 없어졌으리라 지혜를 얻는 자는 자기 영혼을 사랑하고 명철을 지키는 자는 복을 얻느니라 거짓 증인은 벌을 면하지 못할 것이요 거짓말을 뱉는 자는 망할 것이니라 미련한 자가 사치하는 것이 적당하지 못하거든 하물며 종이 방백을 다스림이랴 노하기를 더디 하는 것이 사람의 슬기요 허물을 용서하는 것이 자기의 영광이니라 왕의 노함은 사

자의 부르짖음 같고 그의 은택은 풀 위의 이슬 같으니라 미련한
아들은 그의 아비의 재앙이요 다투는 아내는 이어 떨어지는 물
방울이니라 집과 재물은 조상에게서 상속하거니와 슬기로운 아
내는 여호와께로서 말미암느니라

"

산티아고 순례길이 끝났습니다. 그러면서 그동안 성도들
과 함께 걷는다는 마음으로 매일 주시는 말씀을 순례의 길을
걸으며 적용했는데, 정말 놀랍게도 매일 거의 정확하게 말씀을
주셔서 그 덕에 제가 살았습니다. 아니면 벌써 우스운 꼴이 됐
을 텐데요. 그래서인지 본문을 묵상하는데, 많은 말씀 가운데
성령께서 제 시선을 사로잡아 고정시키신 것이 '다투는 아내,
슬기로운 아내'였습니다. 묵상을 적용할 때 가장 나쁜 것이 다
른 사람에게 적용하는 것인데, 성령께서 이것을 '다투는 남편,
슬기로운 남편'으로 묵상하게 하셨습니다.

그동안 저는 아내에게 이런저런 것으로 스트레스를 주고
감정적으로 힘들게 하면서도, 파국으로 가지 않고 나름 가정을
잘 지키며 선을 넘지 않았기에 괜찮은 줄 알았습니다. 그런데
이것이 "이어 떨어지는 물방울"(13절)이라고 하시네요. 바위에

구멍을 낸다고 하지요.

　슬기로운 남편이라면 아내의 입에서 '하나님이 주신 내 남편'이라는 말이 나와야 하는데, 과연 제 아내의 입에서 그런 말이 진심으로 나올지 자신이 없습니다. 하나님의 마음으로 아내를 만져주고 싸매주고 격려하고 존중한 적이 얼마나 되는지 자신이 없네요. 지혜는 먼 곳에 있지 않습니다. 영성도 그렇게 특별한 것이 아닙니다. 순례를 끝내고 이제 유럽 몇 곳을 여행한 후 집으로 돌아가는데, 아내와 함께 걷는다는 것은 여전히 동일해서 제 순례는 계속되고 있습니다.

까미노에서 온 순례자의 편지 5

그때도 알았더라면

지난 주간은 이번 산티아고 순례길에서 가장 특별한 시간이었습니다. 드디어 목표 지점 100킬로미터 안으로 들어왔기 때문입니다. 원칙적으로 800킬로미터 전체를 다 걸어야 하지만 그것이 쉽지 않다 보니, 마지막 100킬로미터 걸은 것만 확인되어도 순례한 것으로 인정해 순례증명서를 줄 정도로 마지막 100킬로미터는 중요한 의미를 지닙니다.

그러다 보니 100킬로미터보다 조금 더 먼 곳에 위치한 사리아라는 도시를 지나면서부터 순례자들이 갑자기 많아졌습니다. 전체를 다 걷지 않고 마지막 100킬로미터만 걷는 사람이 많아서 그렇습니다. 800킬로미터를 전부 걸은 소위 오리지널로서 그들을 무시하거나 비난할 마음은 없지만, 마지막 100킬로미터 구간의 영성이 급격히 혼탁해진 것에 대해서는 매우 유감입니다.

어떤 느낌인가 하면, 예수님이 성전에서 장사하는 사람들을 보며 느끼신 그 마음 같습니다. 순례자에게 위로와 쉼을 준 카페나 알베르게 같은 숙소도 이제는 그야말로 돈독이 올랐다고 할 정도로 변했습니다. 순례의 길을 걷는 사람도 진지하게 열심히 걷는 사람도 있지만, 동네 산책하듯 걷는 사람이 많아(애완용 개를 끌고 걷는 사람도 있더군요. 그 개는 무슨 고생인지 … 이걸 개고생이라고 하나요) 나름 비장한 의미를 두고 열심히 걷는 제 입장에서는 약간 모욕당하는 느낌까지 듭니다.

그래도 마지막 100킬로미터는 정말 많은 감동과 깨달음을 줍니다. 순례의 길이 인생이라면, 인생의 마지막 부분에서 깨달을 수 있는 그런 것 말입니다. 그중 하나가 류시화 시인이 엮은 시집 『지금 알고 있는 걸 그때도 알았더라면』입니다. 거의 다 와서 깨닫게 되는 것이 너무 많습니다. 발이 아프고 신발이 불편해 내내 고생하다가 이제 드디어 나름 편하게 걷는 방법을 알았는데, 남은 거리가 80킬로미터입니다. 그리고 진즉 버려도 될 것을 혹시나 하면서 계속 가지고 오다가 이제야 버리면서 스스로 꿀밤을 먹입니다. 쯧쯧.

그런데 이런 뒤늦은 깨달음이 결코 후회나 자책은 아닙니다. 다만 아쉬움일 뿐이고, 어떤 경우에는 스스로 재미있는 이야기가 됩니다. 이것이 순례의 길이기 때문입니다. 하나님이 주신 그 길을 나름 최선을 다해 걸었기 때문입니다.

순례자에게 후회는 없습니다. 은혜에 대한 감사만 있을 뿐입니다. 지금 제 마음이 그렇습니다. 주님께 감사하고, 열심히 기도해 주신 성도님들께 감사하고, 기대 이상으로 씩씩하게 걸어낸 아내에게 고마운 마음만 가득합니다.

아마 성도님들이 이 글을 읽으실 때면, 저는 순례의 마지막 여정인 산티아고 데 콤포스텔라 대성당을 향하여 열심히 걷고 있을 것입니다. 아쉽게도 거기에 도착한 감격의 이야기는 다음 주에 해 드려야 하겠네요. 저도 기대합니다.

순례의 마지막 구간을 걸으며
유진소 목사 드림

주와 같이 길 가는 것 즐거운 일 아닌가

우리 주님 걸어가신 발자취를 밟겠네

한 걸음 한 걸음 주 예수와 함께

날마다 날마다 우리 걸어가리

_새찬송가 430장

Camino de Santiago

산티아고 순례길, 말씀과 함께 걷다

초판 1쇄 발행   2025년 3월 4일

지은이   유진소

펴낸이   곽성종
펴낸곳   (주)아가페출판사
등록   제21-754호(1995. 4. 12)
주소   (08806) 서울시 관악구 남부순환로 2082-33
전화   584-4835(본사) 522-5148(편집부)
팩스   586-3078(본사) 586-3088(편집부)
홈페이지   www.agape25.com
판권   ⓒ유진소 2025
ISBN   978-89-537-9689-8 (03230)

분당직영서점   전화 (031) 714-7273 | 팩스 (031) 714-7177
인터넷서점   www.agapemall.co.kr
             *인터넷에서 '아가페몰'을 검색하세요.

아가페 출판사